cahiers libres

DU MÊME AUTEUR

Les deux médecines. Médicaments, psychotropes et suggestion thérapeutique, La Découverte, Paris, 1995.

Qu'est-ce qu'un médicament ? Un objet étrange entre science, marché et société, La Découverte, Paris, 1997.

Puissance des psychotropes pouvoir des patients, PUF, Paris, 1999.

Philippe Pignarre

Comment la dépression est devenue une épidémie

ÉDITIONS LA DÉCOUVERTE
9 *bis*, rue Abel-Hovelacque
PARIS XIIIe
2001

Catalogage Électre-Bibliographie

PIGNARRE, Philippe
Comment la dépression est devenue une épidémie. – Paris : La Découverte, 2001. – (Cahiers libres)
ISBN 2-7071-3517-8

Rameau :	dépression nerveuse : thérapeutique : 1990-...
	antidépresseurs : 1990-...
Dewey :	616-61 : Maladies. Étude clinique de l'adulte et de l'adolescent. Névroses et troubles
Public concerné :	Tout public

Si vous désirez être tenu régulièrement informé de nos parutions, il vous suffit d'envoyer vos nom et adresse aux Éditions La Découverte, 9 *bis*, rue Abel-Hovelacque, 75013 Paris. Vous recevrez gratuitement notre bulletin trimestriel **À La Découverte**.

Introduction

La dépression est le plus connu des troubles mentaux. Nous avons tous autour de nous quelqu'un qui en a été atteint ou qui en souffre régulièrement, la dépression revenant à intervalles presque réguliers avec son épouvantable cortège d'amertume. Nous avons tous lu des articles, regardé des émissions de télévision expliquant pourquoi la dépression doit être prise au sérieux, ne pas être traitée avec désinvolture. Nous avons tous entendu dire qu'il fallait distinguer la vraie dépression de la simple tristesse passagère, qu'il fallait à la fois soigner sans hésiter la première et éviter de prendre des médicaments à tout va dans le second cas.

Nous savons aussi que nous sommes tous menacés dans notre vie individuelle. Une séparation, un décès, des difficultés au travail, une perte d'emploi, une maladie organique grave — comme le cancer — et déjà la dépression guette. Elle peut s'ajouter au cortège des tristesses auxquelles il va falloir faire face, une sorte de maladie nécessitant un traitement médicamenteux et parfois même une hospitalisation. La dépression est une maladie grave, qui porte en elle la possibilité du suicide.

Mais elle a aussi sa noblesse : ce n'est pas un trouble mental comme les autres. La dépression a longtemps été appelée « dépression nerveuse » pour mieux la distinguer des « maladies mentales » graves. Celui qui en souffre n'est pas complètement fou. Il est peut-être davantage dans la situation du poète mélancolique que dans celle du malade mental. Nous n'hésitons pas à dire publiquement que nous avons fait une dépression, ou que c'est le cas d'un membre de notre famille. Elle n'est pas honteuse. Rien à voir avec l'imprononçable et toujours mystérieuse schizophrénie, dont le diagnostic continue à semer l'effroi tant dans l'entourage du patient que parmi les thérapeutes.

La dépression est-elle bien une maladie mentale qui oblige à aller voir le médecin, ou relève-t-elle tout bonnement du péché ? On disait, il n'y a pas si longtemps, des moines qui s'ennuyaient à écouter les saintes Écritures qu'ils péchaient par « acédie », un des sept péchés capitaux qui donnera plus tard, au choix, la paresse ou la dépression. Les maladies de l'âme ont été labourées par bien des systèmes de pensée avant d'être saisies, fragmentées et redéfinies par la médecine moderne. Sans que celle-ci ne cesse d'ailleurs d'être hantée par un doute : les maladies de l'âme, quelle que soit la manière dont on les appelle, relèvent-elles bien de sa compétence ? Ainsi, la médecine la plus moderne, celle venue des États-Unis, hésite toujours à parler en psychiatrie de « maladies » et nous a désormais habitués à la notion vague de « troubles » mentaux.

La dépression ne met pas en cause les capacités intellectuelles des individus qui en sont atteints, même si nous avons parfois l'impression qu'ils ont des idées fixes à la limite du délire. Ils restent capables de raisonner et de penser. Nous n'avons pas, au contact d'un déprimé, ce sentiment d'étrangeté qui caractériserait la vraie folie. L'expérience du déprimé, telle qu'on peut la saisir de l'extérieur, ressemble au vécu de tout un chacun. Si la dépression signifie désespoir, sentiment de culpabilité, perte de toute motivation, elle n'implique pas la perte de la capacité à évaluer, à comparer, à penser, même si c'est de manière ralentie. Il s'agit seulement d'un trouble de l'humeur, même si nous avons des difficultés à définir cette notion d'humeur qui relève de l'attitude, de la mimique, du comportement, bien plus que de la logique du discours.

La visite régulière chez un psychologue clinicien qui, n'étant pas médecin, ne propose pas de médicaments mais une psychothérapie, est un choix possible. La dépression serait donc moins grave qu'une vraie maladie. On peut revenir indemne d'une dépression. C'est, peut-être, une épreuve passagère. Mais on ajoute aussitôt qu'elle ne touche jamais impunément ou au hasard ceux qui en souffrent. Il y faudrait un « terrain prédisposant », comme un trait de caractère, une sorte de manque de courage qui renvoie peut-être à une défaillance biologique éventuellement héréditaire ou à une structure de la personnalité. De manière insidieuse, le petit ajout de l'idée de « prédisposition » change tout : ce n'était pas grave et voilà que le petit trouble renvoie quand même à la biologie ! La dépression a plusieurs visages.

Nous croyions aussi pouvoir dire sans hésitation : la dépression ne relève pas de la volonté. Et pourtant, des thérapeutes proposent de la soigner en faisant appel à la volonté... Si le patient ne se trouve pas face à un médecin prescripteur de psychotropes mais face à un psychologue ou un psychiatre proposant une thérapie dite « cognitive », la dépression change brutalement de définition et rejoint le sens commun. Les thérapies cognitives préconisent une attitude rationnelle et même parfois un peu agressive : « Les choses ne vont pas si mal », constate d'abord le thérapeute. Les thèses cognitives sont cohérentes avec l'idée que la dépression est une pensée inexacte et non pas une humeur incontrôlable. Le thérapeute s'intéresse plus au contenu dépressif des pensées qu'aux éventuels facteurs émotionnels. Le patient est ensuite encouragé à adopter une attitude rationnelle et à s'auto-observer afin d'apprendre à reconnaître la fausseté de ses pensées et cesser de les prendre au sérieux. Le thérapeute cognitiviste enseigne aux patients à ne plus prêter attention à ses pensées négatives et à les remplacer par des pensées positives, plus réalistes, s'il veut guérir. Il conseille donc au patient de « ne pas trop s'écouter », comme le dit le sens commun.

Il ne faut évidemment jamais rallier trop vite les points de vue de ceux qui prétendent parler au nom de la science et de la médecine officielles. Je les ai, quant à moi, fréquentés trop longtemps au sein de plusieurs grandes entreprises pharmaceutiques spécialisées dans la mise au point et la commercialisation de psychotropes, pour ne pas connaître les incertitudes, les facilités et les contradictions qui se cachent derrière leur impeccable façade. J'ai essayé de formuler avec des questions simples les incertitudes de la psychiatrie qui sont très peu discutées publiquement : comment la dépression est-elle devenue le trouble mental le plus répandu ? Pourquoi constitue-t-elle aujourd'hui la bonne manière de formuler les difficultés que beaucoup d'individus ressentent, ce qui n'était pas le cas il y a encore quelques années ? Ne peut-on pas penser que l'appartenance de la dépression au domaine de compétence de la médecine a été un choix, mais que d'autres choix étaient possibles ?

Est-ce à dire que je ne prends pas la dépression au sérieux, que je suis de ceux qui considèrent que la dépression n'est pas une vraie maladie, mais une façon, par exemple, de refuser le travail et l'effort ? Ce n'est pas le cas. La dépression est une expérience terrifiante. Mais il faut dire en même temps qu'elle n'est jamais fatale, que son caractère terrifiant n'implique pas qu'elle soit inscrite dans les gènes, dans une intériorité psychique ou dans les conditions sociales avant qu'on ne l'y inscrive par un coup de force bien organisé — dont nous allons essayer de dénouer les fils. On ne s'approche pas d'un tel sujet sans trembler : la lecture de ce livre aidera-t-elle tous ceux qui ne vont pas bien et sont prêts à consulter pour dépression ou les mènera-t-elle sur des pistes totalement nouvelles ? Si je mets en cause les certitudes sur lesquelles vit la psychiatrie, je sais aussi que ses praticiens ont développé des trésors d'ingéniosité pour aider les personnes qui les consultent. Je me méfie autant de leurs théories que j'admire leur persévérance à aider tous ceux qui sont au fond du gouffre.

Ce livre ne prend pas les chemins habituels de la vulgarisation scientifique. Son objectif n'est pas de répéter ce qu'on a déjà pu lire partout sur la dépression et d'en donner une nouvelle confirmation. Pourtant, je voudrais bien qu'il agisse un peu comme un remède, qu'il soit aussi une sorte de conseil pour *ne pas faire* une dépression et qu'il permette de faire d'autres choix — qui n'excluent d'ailleurs pas la prise d'antidépresseurs. Ce ne sont pas des conseils d'hygiène de vie qu'on y trouvera, ni des exercices psychologiques qui, bien accomplis, permettent d'échapper à la dépression. Mais, en montrant par quels moyens nous favorisons la dépression, il veut permettre d'éviter de s'y précipiter aux premières difficultés existentielles... et donc d'éviter parfois le médecin et le psychologue. Je suis convaincu d'avoir échappé personnellement à la dépression en écrivant ce livre !

J'ai été témoin, pendant dix-sept ans, de la manière dont les chercheurs mettent au point les antidépresseurs et des rapports qu'ils entretiennent avec les médecins et, à travers eux, avec les malades. Je ne suis pas sociologue, mais, comme témoin, je vais tenter de faire entendre la voix d'acteurs qui ne sont pas écoutés ou qui sont confinés dans une situation de grande passivité : chercheurs des laboratoires, patients. Je vais, en conséquence, essayer de poser de nouvelles questions à la psychiatrie contemporaine et mettre en cause certaines de ses certitudes.

La psychiatrie va trop vite depuis qu'elle se définit comme scientifique. Il faut essayer de ralentir son mouvement, en lui appliquant une méthode qu'elle sait appliquer à d'autres. Prenons l'exemple de la voyance : toutes les fois que la psychiatrie s'y intéresse, elle conclut qu'on peut certainement expliquer son apparente efficacité par sa capacité d'induction, son caractère performatif. Les prédictions concernant la personne qui consulte se réaliseraient par un effet de suggestion sans qu'elle ne s'en rende compte. La critique est terrible et difficile à combattre. Il faut accumuler des masses considérables de données dites « parapsychologiques » pour essayer d'ébranler cette forme trop rapide de disqualification. Ce travail épuisera les protagonistes qui ne feront plus que ça et les empêchera donc de réfléchir autrement aux problèmes posés par la voyance.

Mais la question de la réciprocité de cette critique doit aussi se poser : qu'est-ce qui protège la psychiatrie de ce danger d'induction ? N'est-elle pas elle aussi, et à une échelle bien plus grande encore que la voyance, tombée dans ce piège si facile à dénoncer chez les autres ? Les diagnostics psychiatriques sont-ils innocents ? Pour me résumer, la psychiatrie ne participe-t-elle pas à la manière dont les maladies de l'âme sont stabilisées dans notre culture, alors qu'elle prétend avoir enfin trouvé la bonne méthode pour les étudier objectivement, sans les influencer ? Ne serait-elle pas, en partie, responsable de l'« épidémie » de dépression ? Aujourd'hui, bien peu de chercheurs dans ce domaine ne s'en soucient, car ils se croient, à trop bon compte, protégés par les découvertes biologiques qui mettraient enfin en évidence l'enracinement des troubles mentaux dans un terreau bien plus solide que les effets infinis et en miroir de la suggestion. Ce livre tente de leur compliquer la tâche en interrogeant la nature de la psychiatrie biologique. La biologie a-t-elle vraiment transformé la psychiatrie ? A-t-elle triomphé ou a-t-elle totalement échoué ?

J'ai écrit avec un grand souci de lisibilité. Ce qui suit n'est pas une thèse universitaire qui reprendrait l'histoire des débats sur la dépression, mais un livre d'intervention politique, avec tous les risques que cela comporte. Mon objectif est de recréer de la multiplicité là où tout semble se résoudre dans la figure de la dépression et de la prise en charge avec des antidépresseurs. Je ne veux surtout pas que sa lecture en soit réservée aux spécialistes de la clinique et de la sociologie médicale.

1

Le nombre de personnes déprimées en France a été multiplié par sept entre 1970 et 1996

En 1970, il y avait cent millions de déprimés dans le monde. Trente ans plus tard, ils sont peut-être un milliard ! Selon plusieurs rapports d'organismes officiels, la dépression est aujourd'hui la quatrième cause mondiale de handicap et elle devrait passer au deuxième rang dans les vingt-cinq prochaines années. Elle devrait même occuper la première place dans les pays en voie de développement où elle est aujourd'hui encore peu diagnostiquée. En France, le nombre de patients déprimés et soignés a augmenté de 1 million en dix ans (1980-1991), les femmes étant toujours trois fois plus nombreuses que les hommes. Cela représente une augmentation de 60 %. Sur une période plus longue, entre 1970 et 1996, le nombre de personnes pouvant être considérées comme déprimées, qu'elles soient soignées ou non, a été multiplié par sept en France. Entre 1980 et 1989, le nombre de consultations avec prescription d'un antidépresseur aux États-Unis est passé de 2,5 à 4,7 millions.

Les statistiques, quelle que soit la manière dont on les étudie, laissent toutes apparaître ce phénomène : une augmentation considérable des taux de personnes pouvant, sous une forme ou sous une autre, être dites déprimées. Selon l'Organisation mondiale de la santé (OMS), la dépression sera ainsi dans les prochaines années un des deux grands problèmes de santé publique et peut-être même le premier, avant les maladies cardiovasculaires. L'augmentation du nombre des déprimés, pris en charge ou non, suscite la stupéfaction des épidémiologues qui voient rarement des chiffres s'envoler avec autant d'allant. Aucune pathologie ne connaît un tel développement. Tous ces chiffres donnent le vertige.

Nous assistons, impuissants, à une véritable épidémie de dépression. Comment cela est-il possible alors que personne ne fait l'hypothèse d'un virus ou d'un germe quelconque ? La dépression serait-elle quand même une maladie transmissible ? Mais alors comment peut-elle bien se transmettre ? Comment la dépression a-t-elle pu émerger de l'ensemble formé par les troubles mentaux et s'imposer comme le premier d'entre eux ?

Le cas américain des troubles de la personnalité multiple

Avant de m'intéresser à la dépression, j'ai fait partie de ceux qui ont été étonnés par ce qui se passait aux États-Unis et dont l'écho devenait de plus en plus menaçant : l'épidémie de troubles de la personnalité multiple. De quoi s'agit-il ? Des patients présentent plusieurs personnalités qui surgissent de manière inopinée et en alternance dans le cours de leur vie quotidienne. Ces personnalités existant dans le même corps peuvent être extraordinairement différentes, par exemple de sexes opposés. Au cours du processus thérapeutique, le plus souvent avec un praticien de l'hypnose, les patients témoignent de terribles traumatismes qu'ils auraient subis dans leur toute petite enfance : viols par des parents, cannibalisme, actes pervers monstrueux orchestrés par des sectes sataniques... La multiplication des personnalités chez un même individu est alors interprétée comme un moyen pour lui d'échapper à des souvenirs terrifiants et tout simplement de pouvoir survivre. Ils se sont même donné le nom ambigu de « survivants » pour mieux insister sur l'horreur des mauvais traitements qu'ils auraient subis dans leur toute petite enfance.

Les patients ont d'abord été quelques dizaines, puis plusieurs centaines et se comptent maintenant par dizaines de milliers. Incrédules, les observateurs — et parmi eux les partisans de la psychiatrie biologique n'ont pas été les moins surpris — ont vu ce trouble étrange se répandre, prendre les dimensions d'une épidémie imprévue. Du coup, le trouble de la personnalité multiple a échappé au milieu spécialisé des psychologues ou des médecins, passionnant toute l'Amérique. Des émissions télévisées, des livres, des films, des reportages dans la presse écrite lui sont régulièrement consacrés. On le retrouve dans le feuilleton télévisé du début de soirée ; il est encore présent aux actualités pour rendre compte de la bizarrerie d'un criminel ; les congrès médicaux et psychiatriques le mettent aussi à leur ordre du jour ; on trouve des livres sur la personnalité multiple aux rayons romans des grandes librairies populaires, mais aussi dans les rayons sociologie et psychologie ; et même les plus sérieuses maisons d'édition médicale comme celle de l'Association américaine de psychiatrie, publient des ouvrages collectifs sur ce syndrome. Des neurobiologistes et des « neurophilosophes » célèbres s'en servent pour illustrer leurs nouvelles théories cognitives sur le fonctionnement du cerveau.

Les patients qui en souffrent créent leurs associations et diffusent des journaux où ils discutent des principaux troubles mentaux, de la dépression à la schizophrénie, en proposant une nouvelle grille de lecture autrement valorisante pour eux, qui ramène tous ces cas à des variantes de la personnalité multiple. Les malades mentaux enfermés pour schizophrénie grave, les criminels peuplant les prisons américaines ne sont-ils pas eux aussi des « survivants » souffrant du trouble de la personnalité multiple ? Certains courants féministes prennent au sérieux une pathologie qui met au premier plan des violences sexuelles subies pendant l'enfance. Mais ils ont été vite dépassés par une situation incontrôlable. Des associations de défense des enfants y voient la confirmation de l'importance de leur combat quotidien et de leurs appels à une mobilisation générale de toute la société. La psychiatrie, intriquée avec tous ces nouveaux acteurs, accompagne le phénomène sans moyen pour réfléchir et rendre compte de sa nature épidémique. N'y participe-t-elle pas au même titre que les romanciers, les scénaristes, les journalistes, les psychothérapeutes hypnotiseurs, les féministes, les défenseurs des droits des enfants, les neurophilosophes, etc. ?

Je crois que nous ne pouvons pas comprendre la nature épidémique d'un tel trouble sans étudier comment il « saute » d'un domaine à l'autre, comment il intéresse une multitude d'acteurs différents qui peuvent toujours réutiliser à leur profit ce que les autres en ont fait avant eux. Plus le trouble circule entre écrivains, journalistes, médecins, féministes, philosophes et plus il s'impose à tous comme un « fait » incontestable.

Si j'ai pris l'exemple des personnalités multiples, c'est parce que ce livre ne parle pas de la dépression mais de l'*épidémie* de dépression. Mais ce que nous savons de la dépression est très différent de ce que nous avons vu arriver avec le trouble de la personnalité multiple. La dépression se développe rapidement, mais pas avec la même fulgurance. Les choses avancent plus lentement mais peut-être plus sûrement. Avec la dépression, la médecine est au premier plan, alors que ce sont plutôt les psychologues psychothérapeutes qui ont été les plus mobilisés par les personnalités multiples. La dépression mobilise d'autres acteurs qui avaient été indifférents au trouble de la personnalité multiple : les chercheurs en neurosciences, les pharmacologues qui inventent les psychotropes. Tous ceux qui sont mobilisés par les antidépresseurs sont concernés par la dépression, alors que les acteurs du trouble de la personnalité multiple avaient ce point commun de ne pas s'intéresser aux médicaments psychotropes. Cette différence est essentielle. Enfin, la dépression est un phénomène mondial, alors que les personnalités multiples sont finalement restées américaines. Les enjeux de l'épidémie de dépression sont donc beaucoup plus importants et on ne s'en sortira pas en ricanant de la naïveté de nos cousins d'Amérique.

Comment s'y prendre pour analyser le phénomène ? La plupart des livres sur la dépression ont été écrits par des médecins ou des psychologues. Même les sociologues qui s'y sont intéressés n'ont pas caché que, pour eux, la psychanalyse était un instrument d'analyse privilégié. Je ne suis pas clinicien et je n'ai donc pas été confronté en tant que tel à la nécessité de soulager et de guérir. Mon point de départ et mes outils d'analyse seront différents.

Dans ce livre, je vais donner beaucoup de place aux dispositifs que j'ai vu mettre en œuvre dans l'industrie pharmaceutique, sans lesquels l'épidémie de dépression me semble incompréhensible. J'ai vu de très près comment était géré ce qu'il faut bien appeler le « marché » en expansion de la dépression, jusqu'à ce qui se passe (ou ce qu'on souhaite qu'il se passe) dans la relation entre le médecin et son patient. Un thème revient très souvent dans tous les livres et articles destinés aux professionnels de la santé : il faut « apprendre » aux médecins à repérer leurs clients qui sont atteints de dépression. Elle ne peut pas être détectée à première vue par des médecins qui n'ont pas été sensibilisés et formés à son dépistage. Le marketing des laboratoires consacre beaucoup d'efforts et d'argent pour apprendre aux médecins à repérer les patients déprimés. Plus en amont, j'ai pu observer la manière dont les chercheurs mettent au point de nouveaux médicaments et dont ils les testent au cours des études cliniques. Beaucoup de choses se jouent à ce moment. Il faut étudier de manière précise la façon dont l'industrie pharmaceutique agit pour comprendre la particularité de l'épidémie de dépression. Ici, la dénonciation ne suffit pas.

Est-il inconvenant de penser qu'un trouble mental puisse être en même temps une maladie réelle, sérieuse, et une maladie épidémique sans agent infectieux ? Ce qui paraît aller de soi avec les maladies organiques devient troublant quand il s'agit de troubles mentaux où on ne fait pas d'hypothèse infectieuse. Les conditions d'une épidémie d'un trouble mental sont évidemment différentes de celles qui sont à l'œuvre dans une maladie infectieuse. Avec les épidémies classiques, la médecine nous a appris à commencer par parler du germe en cause. Mais il a bien fallu, avant que les chercheurs et les médecins sachent identifier un germe, reconnaître et parler des épidémies sans cette justification. On a même su déployer des moyens administratifs, comme les mises en quarantaine, pour en venir à bout. Il a fallu un long travail compliqué pour arriver là où nous en sommes aujourd'hui dans notre compréhension des épidémies et la catégorisation des germes. On sait d'ailleurs qu'un germe ne suffit pas à expliquer une épidémie : il faut d'autres conditions que sa seule existence et ses seules qualités intrinsèques pour qu'il se répande comme une traînée de poudre dans une population. Je propose d'appliquer la même approche à la dépression, non pas pour trouver un germe, mais pour trouver les conditions de possibilité de l'épidémie.

L'insuffisance des explications les plus courantes

Il existe trois grandes thèses sur la question de la dépression. Nous permettent-elles de comprendre l'épidémie de dépression ?

La première thèse (de « gauche » ?) consiste à dire que la société est de plus en plus « dépressogène » et renvoie la dépression au malheur et à la souffrance sociale. On s'aperçoit vite que ceux qui avancent cette explication globale ne cherchent pas d'abord à expliquer la dépression elle-même et à trouver les moyens de la contenir et de la faire régresser. L'augmentation du nombre de déprimés est simplement un argument supplémentaire qui démontre que la société est de plus en plus cruelle. C'est la dénonciation de la société qui les intéresse et non pas l'explication de la dépression. Pour que la dénonciation de la société soit efficace, il vaut donc mieux que la dépression soit considérée comme une réalité stable qui constitue une base solide au reste de l'argumentation.

On a, pendant des années, entendu le même type d'explication avec les toxicomanes : si les jeunes se droguent, c'est que la société est de plus en plus inhumaine. Or, il nous a fallu nous débarrasser de cette explication paralysante pour commencer à faire un travail avec les toxicomanes, apprendre d'eux et non pas se comporter à leur égard comme des idéologues donneurs de leçons. La politique de réduction des risques, qui a eu beaucoup de mal à s'imposer en France (mise à disposition de seringues, programmes de substitution et fourniture gratuite d'opiacés pour les usagers de drogues), est venue compliquer le discours qui se contentait de dénoncer la société globalement. Je n'ai absolument pas envie d'excuser la société, mais je ne suis pas prêt à sauver une dénonciation globale si le prix à payer est de renoncer à toutes les petites modifications politiques qui ont beaucoup de conséquences pratiques pour les citoyens.

La thèse globalisante va toujours trop vite. Elle pose un gigantesque problème de méthode : ce qu'il faut expliquer — une société où les dépressions s'épanouissent — devient ce qui est explicatif. Il n'est pas suffisant de dire que la société contemporaine est devenue folle, encore faut-il comprendre comment des mécanismes individuels se généralisent, prennent de l'ampleur et peuvent en fin de compte, mais en fin de compte seulement, devenir un phénomène de société. Je ne crois pas que la sociologie de la contrepartie (que l'on peut résumer de la manière suivante : le phénomène dépression est la contrepartie d'une société de plus en plus inhumaine) puisse nous armer pour comprendre ce qui nous arrive et nous donne des armes pour nous battre. Il n'est pas pertinent d'expliquer un « petit » phénomène comme une dépression individuelle par une gigantesque cause : la société. À l'inverse, nous cherchons une explication qui nous permette de suivre le cheminement de la dépression, son élargissement progressif, le recrutement toujours plus important de nouveaux patients.

Dans la sociologie de la contrepartie, la notion de stress devient centrale, alors qu'elle est aussi vague que la notion de société elle-même. Elle ne désigne aucun enjeu particulier, aucune violence, aucun ennemi précis. Elle renvoie à une sorte d'ambiance, de brouillard, qui concerne le plus souvent des groupes d'individus. Comme tous ne font pas une dépression, il faut ajouter au raisonnement la notion de « prédisposition », dont on verra qu'elle sauve les meubles mais ne sert qu'à masquer nos ignorances. La notion de stress permet de faire l'économie de choses précises qui peuvent être désignées du doigt. Il s'agit d'une notion dépolitisante et à ce titre je ne l'emploierai pas. Ce discours se pare des vertus de la gauche, alors qu'il cultive l'impuissance.

Je ne dis pas non plus que la dépression soit « socialement construite », car il n'y a aucune raison de limiter les ingrédients de sa construction à ceux qui sont sociaux. En disant que la dépression est « socialement construite », nous la dévalorisons : elle n'est plus vraiment réelle, on donne l'impression qu'elle a moins de réalité que des pathologies dues à une cause organique. La formule « socialement construite » nous ramène dans le piège qui consiste à croire à l'existence d'une société toute donnée, mystérieuse entité, référent permanent, capable de tout expliquer. Cette réalité-là est contestable, mais pas celle de la dépression, dont nous n'excluons pas *a priori* qu'elle soit fabriquée avec de multiples ingrédients, y compris biologiques.

La deuxième thèse (de « droite » ?) cultive aussi l'impuissance. Elle considère que les taux de patients dépressifs ont sans doute toujours été à peu près semblables, puisqu'il s'agit d'une réponse organique inadéquate à des problèmes existentiels qui en tant que tels peuvent être extrêmement bénins, voire invisibles. Ils n'induisent rien chez un individu « normal ». Cette réponse inadéquate ne peut être comprise que pour des raisons biologiques, voire génétiques, prédisposant certains à faire une dépression alors que d'autres en seraient protégés. Le mot « prédisposition » a une importance clef, car il permet de résoudre le problème des événements traumatisants qu'un individu peut subir sans renoncer à garder le regard fixé sur la biologie. L'épidémie de dépression serait donc en trompe-l'œil : on ne savait pas autrefois diagnostiquer la dépression et elle restait cachée dans la famille. La psychiatrie est devenue scientifique et nous a ouvert les yeux : l'augmentation du nombre de cas ne serait que le reflet de l'amélioration de ses outils de diagnostic.

Une troisième approche privilégie l'intériorité psychique : la dépression serait une « petite affaire privée ». Elle renverrait, par exemple, à une enfance troublée et à une mauvaise structuration du sujet. Cette solution a la faveur des psychothérapeutes souvent formés à la psychanalyse. Mais cette thèse de la prédisposition psychique — aujourd'hui supplantée par la prédisposition biologique — est impuissante à rendre compte de l'épidémie : elle suppose en effet que le nombre d'enfants ayant subi des troubles familiaux dans la société contemporaine a considérablement augmenté, ce qui est loin d'être établi.

Toutes ces approches sont plus ou moins contradictoires, mais on les trouve pourtant souvent mélangées dans les articles popularisant la question de la dépression. Classiquement, un article de journal commence avec le premier argument et se conclut avec le second, tout en ménageant le troisième. Il existe aussi un point de vue éclectique qui permet de réconcilier les deux premières approches : ce sont les notions de dépression « réactionnelle » et de dépression « endogène ». Les premières seraient dues à un événement de vie déstabilisant, traumatique, alors que les autres ne pourraient s'expliquer que par des raisons internes, biologiques. Mais cette distinction a très vite vieilli et personne ne sait plus très bien aujourd'hui comment distinguer entre les deux. Le risque n'est-il pas d'appeler dépressions endogènes toutes celles qui ne peuvent pas être rapportées facilement à un événement de vie traumatisant parce que celui-ci est bien dissimulé ? Là encore, l'appel de plus en plus fréquent à la notion de prédisposition donne l'illusion que le problème est résolu.

À toutes ces explications qui ont échoué à nous donner la moindre arme pour combattre l'épidémie, s'en ajoute souvent une autre : l'industrie pharmaceutique, qui tire de gigantesques profits de cette épidémie, provoque, par ses campagnes publicitaires, une surconsommation d'antidépresseurs dans des indications qui ne le justifient pas. Les antidépresseurs participeraient ainsi d'une vaste tentative pour étouffer la protestation sociale globale. L'injustice sociale serait dissimulée et oubliée grâce aux antidépresseurs qui constitueraient une menace diffuse contre les mouvements sociaux et la possibilité même de révoltes. Les psychotropes permettraient d'anesthésier la société et il faudrait revivifier l'alliance naturelle entre la gauche, la République et la psychanalyse, mère de toutes les psychothérapies dignes de ce nom, véritable alternative à la trop grande consommation de psychotropes qui permettra de revenir à la vérité du sujet.

Notre explication diffère de ces approches qui essaient toutes de distinguer entre les états qui mériteraient vraiment le nom de dépression et ceux qui lui seraient abusivement assimilés. Dans ces approches, la dépression est prise en compte en tant que maladie comme les autres. Personne ne doute de sa réalité qui serait de même nature que celle d'une maladie infectieuse. Elle serait objective et naturelle : un fait immédiatement perceptible dès qu'on a disposé d'une psychiatrie scientifique, c'est-à-dire capable de faire des diagnostics reproductibles. Ici se présente le principal danger : la naturalisation trop rapide de ce qui relève peut-être seulement de notre expérience limitée d'Occidentaux. Ce qui revient à faire de l'expérience de tous ceux qui, de par le monde, ne connaissent pas la dépression et donnent d'autres formulations à leurs difficultés, une manifestation déformée culturellement de ce que nous vivrions et exprimerions sans artifices.

Les choix faits par la psychiatrie occidentale

La psychiatrie a voulu échapper à la subjectivité en mettant au point des outils diagnostics fiables : quel que soit le médecin qui examine et interroge un patient, il doit arriver aux mêmes conclusions s'il dispose d'un bon outil diagnostic. Mais cela ne prouve pas que le mal dont souffrent les patients est objectif au sens où l'est une maladie infectieuse. Les outils diagnostics permettent seulement d'échapper à la subjectivité du thérapeute en réglant son jugement et son appréhension des symptômes sur celui de ses confrères : dans la même situation, ils diraient la même chose que lui. Les outils diagnostics comme le *DSM* (*Manuel diagnostique et statistique des troubles mentaux* édité par l'Association américaine de psychiatrie [1]) n'ont pas tant créé la possibilité de porter de manière impeccable le diagnostic de dépression que de former une armée de médecins capable de poser les mêmes questions, d'entretenir une relation semblable avec les patients et d'aboutir aux mêmes conclusions.

1. American Psychiatric Association, *DSM-IV. Manuel diagnostique et statistique des troubles mentaux*, Masson, Paris, 1996.

Le *DSM* est avant tout un outil pour établir le consensus : oublions tous les sujets qui fâchent (les causes des troubles mentaux) pour nous concentrer sur les points d'accord (les manifestations visibles des différents troubles). Son mode de rédaction en témoigne : des groupes de psychiatres américains se réunissent pendant des années pour établir par consensus les critères permettant de classer les patients. Le *DSM* n'a uniformisé la manière de poser un diagnostic que parce qu'il a d'abord uniformisé les psychiatres dans leur manière d'observer les patients. En témoigne cette angoisse propre aux psychiatres : confrontés à un patient quelconque, feront-ils tous le même diagnostic ? Le reste de la médecine ne partage pas cette angoisse : pour un médecin, le problème principal est celui du *bon* diagnostic. Peut-on dire que si tous les psychiatres posent le *même* diagnostic, cela implique que celui-ci soit le *bon* ? Évidemment non.

Les manuels de psychiatrie fixent un certain nombre de conditions à remplir par les patients pour qu'ils puissent être considérés comme déprimés. Il faut franchir ces bornes pour entrer dans le territoire où le mot dépression est alors employé à juste titre. Voici les neuf items qui sont aujourd'hui le plus souvent retenus :

- tristesse excessive,
- perte d'intérêt, incapacité à agir,
- problèmes d'appétit,
- problèmes de sommeil,
- agitation ou ralentissement,
- fatigue, perte d'énergie,
- culpabilité excessive,
- difficultés à se concentrer,
- pensées de mort.

Ces items créent un espace articulant des sentiments, des émotions, des frayeurs et des comportements assez disparates avant d'être ainsi mis ensemble. Il apparaît tout de même plus légitime de faire l'hypothèse que les patients ou, plutôt, les prépatients ne se définissent jamais spontanément avec cet ensemble de bornes qui forment le territoire de la dépression. Ils sont paralysés par la peur ; ils subissent des violences ; ils connaissent des flux extérieurs qui leur passent à travers le corps et l'esprit et les tourmentent. Sous l'effet de tels flux, beaucoup de possibilités de transformations existent. Lorsque ces flux ont été transformés en bornes d'un territoire, lorsqu'ils ont été dépouillés de leur caractère de lien entre deux ou plusieurs individus et transformés en sentiments, en émotions intériorisés, en comportements appartenant en propre au sujet, c'est-à-dire en état, alors il y a eu une véritable transformation-fabrication, et le patient dépressif est né. Le thérapeute a justement appris à utiliser des outils diagnostics pour interpréter ce que lui dit le patient concernant les flux qui le traversent et les ramener à des territoires fixes et bien délimités.

Il n'est pas facile d'inscrire et de transformer les flux qui traversent les patients pour les immobiliser sur un territoire. Il faut que le territoire laisse des ouvertures par où les flux pourront continuer à différencier un individu d'un autre. Les psychiatres qui ont fixé ces items par consensus sont d'ailleurs bien conscients de la difficulté. Le territoire n'est jamais défini par des bornes fixes. Un trouble mental n'est jamais défini de manière absolue : ainsi, il suffit de « cinq symptômes sur neuf évoluant depuis plus de deux semaines » pour définir le territoire de la dépression majeure (c'est-à-dire la dépression confirmée). Il existe donc des portes d'accès différentes à ce territoire. Le territoire acquiert de ce fait une sorte de plasticité qui lui permet de capter les flux et de les maintenir en symptômes reproductibles, à peu près toujours les mêmes, dans la configuration de « cinq sur neuf ».

Être « territorialisé » par la dépression, c'est être enfermé dans un monde très particulier avec ses propres coutumes. Ce monde auquel est assigné celui qui est désormais un « patient » est beaucoup plus restreint. Tout ce que dit et fait un patient déprimé peut être interprété dans les termes en usage dans ce territoire. Cette pauvreté du nouveau discours clinique qui accompagne la nouvelle ère de la dépression a été dénoncée par les psychanalystes, mais sans qu'ils soient capables de s'y opposer de manière efficace, sans doute parce que de nombreux patients y ont trouvé avantage. Ces derniers peuvent ne trouver que des avantages à ce qu'on laisse de côté ce qui intéressait tant les psychanalystes et mélangeait toujours davantage leur intimité et la prise en charge de leurs difficultés.

Insistons dès maintenant sur une différence essentielle : quand un patient décide de consulter un médecin pour qu'il lui prescrive un antidépresseur, ou quand il choisit plutôt d'aller voir un psychologue pour commencer une psychothérapie d'inspiration analytique, ce choix est essentiel car il l'inscrit immédiatement dans un devenir qui n'est pas le même. En optant pour un traitement médicamenteux, le patient décide, avant même la première prise, que cette affaire ne le concerne pas au plus profond de lui-même, que son « moi » intime n'est pas vraiment mis en cause dans ses fondements et qu'il pourra se soulager avec un traitement aussi bête que celui proposé par des molécules chimiques. À l'inverse, le choix d'une psychothérapie va consister à interroger ce « moi » profond. La dépression présente ainsi un « avantage » sur la névrose : le choix des psychotropes est le bon moyen de ne pas territorialiser ses difficultés dans les termes de la névrose que la psychanalyse propose. Le choix entre ces deux thérapies met en jeu la manière dont chacun décide de se définir comme être humain, au moment où il est confronté à l'épreuve de graves difficultés. Il n'y a aucune raison de penser, comme on voudrait souvent nous le faire croire, qu'un des choix nous emmène vers plus d'humanité et l'autre vers plus de barbarie.

Prenons maintenant un exemple clinique de ce type de « territorialisation ». Jean est un prêtre catholique. Il exerce son sacerdoce avec un grand enthousiasme et est admiré tant par ses paroissiens que par les autres prêtres. Or Jean perd la foi. Il ne croit plus à ce qu'il doit dire dans ses sermons. Il souffre de demander à ses paroissiens de faire et de croire en certaines choses dans lesquelles il ne croit pas lui-même. Il a de plus en plus de mal à dire la messe et prétend qu'il n'aurait jamais dû être ordonné prêtre. Il se réveille chaque nuit à trois heures. Il a des maux d'estomac et perd l'appétit. Il est convaincu d'avoir un cancer. Il consulte un spécialiste, en vain. Son évêque moderniste lui conseille d'en parler à un psychiatre. Ce dernier va retraduire tout ce que Jean ressent dans le langage de la dépression : tristesse, perte de l'appétit, perte de la confiance en soi, idées de mort. Jean qui jusque-là considérait sa souffrance comme un problème d'ordre spirituel, se persuade peu à peu (ou décide) qu'il est d'ordre médical. Pourtant, la perte de la foi était saisissable autrement que comme dépression, et la religion avait justement un potentiel de ressources considérable pour saisir l'événement qui arrive à Jean. La psychanalyse aurait aussi pu être candidate à cette prise en charge. Mais on pouvait également le renvoyer à la médecine psychiatrique. Il suffisait que Jean accepte que des substances chimiques puissent le modifier et qu'il fasse ce choix.

Une première condition de l'épidémie de dépression est maintenant identifiée. Elle est due à une confusion qui donne un pouvoir immérité aux outils de diagnostic psychiatrique. Ils ne nous disent pas la vérité sur ce dont souffrent les patients, mais seulement sur la manière dont les psychiatres sont formés, et donc la manière dont ils peuvent recruter des patients et stabiliser leurs malheurs.

2

La dépression devient un trouble universel

Souffre-t-on de dépression dans toutes les sociétés ou est-ce une maladie propre à certains pays occidentaux de la même manière que le trouble de la personnalité multiple ne se retrouve guère qu'aux États-Unis ? Cette interrogation a mobilisé tout un courant de recherche américain appelé « psychiatrie transculturelle ». Les enjeux sont considérables. Tout l'avenir, mondial dans un cas et local dans l'autre, de la psychiatrie en dépend. Les psychiatres qui travaillent dans cette perspective ont formulé d'autres questions que nous reprendrons à notre compte, alors qu'en France elles sont souvent ignorées. La dépression n'a-t-elle de sens que dans les catégories de la médecine occidentale ? Existe-t-elle dans tous les pays, dissimulée sous d'autres noms ? S'il n'existe pas de mots pour dire dépression dans une langue, cela implique-t-il automatiquement que cette pathologie n'existe pas ? Comment analyser, par exemple, le paradoxe suivant : aux États-Unis, il y aurait aujourd'hui six fois plus de déprimés dans les communautés indiennes que dans la population blanche, alors que 93 % des Indiens Hopi déclarent qu'il n'existe aucun mot dans leur langue pour désigner la dépression ?

Ils somatisent, nous « psychologisons »

À la fin du XIXe siècle, Emil Kraepelin (1856-1926), un des fondateurs de la psychiatrie, se rend en Indonésie pour faire ce qu'il appelle déjà de la *psychiatrie comparée* : les patients souffrent-ils partout dans le monde des mêmes troubles mentaux que les Européens ? Kraepelin et ses successeurs vont constater que les cas de dépressions qu'ils observent ne sont pas exactement superposables aux cas européens : ils sont plus rares, d'intensité plus modérée et plus fugace. Les patients ne souffrent pas de sentiments de culpabilité comme en Europe ou aux États-Unis.

Depuis les années soixante, l'Organisation mondiale de la santé a réalisé de grandes études pour comparer la dépression et ses formes dans divers pays. Ces études ont montré que 68 % des patients suisses mais seulement 32 % des Iraniens dits déprimés ressentent un sentiment de culpabilité. Les idées de suicide s'observent chez 70 % des déprimés canadiens, mais chez seulement 40 % des Japonais. En revanche, 57 % des Iraniens ressentent des troubles somatiques, du type migraines, lombalgies, douleurs d'estomac, contre 27 % seulement des Canadiens, etc.

Différents manuels de psychopathologie dressent l'inventaire des troubles et de leurs différences entre le monde occidental et l'Afrique (prise dans son ensemble, ce qui pose un premier problème méthodologique tant les cultures africaines sont diverses). Sur plus de trente items pris en compte et qui renvoient à l'humeur, aux contenus de pensée, à l'inhibition psychomotrice et aux troubles physiques accompagnant la dépression, ils n'en trouvent que six qui soient communs aux Occidentaux et aux Africains. Les auteurs parlent alors de « masques » qui défigurent l'apparence de la dépression mais ne changent rien à la nature profonde de la maladie, qui serait partout la même.

Si les états délirants avec des thèmes de persécution (« sentiment que les pensées et les actes sont imposés par une force extérieure occulte, ensorcellement, possession ») sont très présents chez les Africains souffrant de dépression, cela doit être considéré comme une série de symptômes n'ayant aucune valeur particulière et ne constituant absolument pas un moyen d'entrer en contact avec le monde du patient. Cela n'aurait pas de rapport avec la manière même dont on prend en charge traditionnellement ceux qui ne vont pas bien dans ces pays. Il n'y aurait rien à voir de particulièrement intéressant dans ces différences : il ne faut pas s'y attacher, mais au contraire les oublier, car l'important est de repérer la dépression derrière ce qui n'est considéré que comme des « distorsions » sans grandes significations.

La question de la « somatisation » a donné un point d'accroche et de débats sans fin à la psychiatrie transculturelle. De très forts taux de somatisation ont été établis par de nombreuses études menées en Arabie Saoudite, en Irak, en Afrique de l'Ouest, en Inde, au Soudan, aux Philippines, à Taiwan, à Hong-Kong. Des taux également très importants ont été trouvés en Occident, mais seulement dans les populations de bas niveau économique et culturel, dans les zones rurales ou dans les régions où les habitants sont très attachés à leur religion. Toutes ces populations peuvent être considérées comme « en retard ».

Ainsi, face à la dépression, le monde se diviserait entre ceux qui somatisent et ceux qui « mentalisent », ceux qui expriment leur souffrance avec leur corps et ceux qui sont capables de lui donner un sens et d'en parler en termes psychologiques. On retrouve d'ailleurs, en écho, cette question de la capacité à « mentaliser » dans de nombreux travaux de psychanalystes pour qui les troubles psychosomatiques sont la conséquence d'une incapacité du sujet à mentaliser, à psychologiser, voire à fantasmer. Ils ont appelé cette disposition « alexithymie » (aux États-Unis) ou « pensée opératoire » (en France) pour décrire des patients avec lesquels un travail psychothérapeutique est très difficile : ces patients n'auraient ni fantasmes, ni rêves.

Dans des textes récents, des années quatre-vingt, certains psychiatres transculturalistes américains comme Julian Leff donnent un sens théorique à cette différence. Pour eux, les émotions sont des phénomènes biologiques et intrapsychiques qu'on peut analyser par introspection. Il faudrait évaluer positivement la possibilité pour un individu de parler de ses émotions en termes psychologiques plutôt qu'en termes corporels. Parler de ses troubles en termes psychologiques constituerait donc une avancée dans l'évolution de l'espèce humaine. Il faut pour cela analyser les différentes langues en termes darwiniens. Les langues pratiquées dans le monde sont disposées par eux sur une échelle de l'évolution : les langues chinoises, africaines, indiennes n'auraient pas évolué au point de permettre la différenciation entre les expériences physiques et les expériences mentales. À l'inverse, les langues indo-européennes seraient les plus évoluées du point de vue de l'histoire de l'espèce humaine, ce qui n'exclut pas les différences d'évolution entre elles aussi.

Ainsi, les Français doivent savoir que l'anglais, et non pas le français, occupe le sommet de cette évolution. Le français n'est qu'à une place intermédiaire, devant les langues africaines. Les psychiatres français ont inventé des notions considérées comme très curieuses par leurs collègues américains, comme la « bouffée délirante » (écrite avec un seul f dans le chapitre consacré aux « syndromes liés à la culture » de la troisième édition du *DSM* !) ou encore la « spasmosphilie », qui désigne dans des termes somatiques ce que les populations parlant l'anglais sont, elles, capables d'exprimer en termes psychologiques. Pour le *DSM*, la spasmophilie est une crise d'angoisse aiguë que les Français, par ignorance, traitent avec du magnésium et les Américains avec des anxiolytiques...

Ce darwinisme social paraît un peu ridicule et donne envie de sourire. Il est pourtant indéniable que toute une partie de la psychiatrie transculturelle y adhère aujourd'hui, car il donne une grande cohérence à sa démarche universaliste et globalisante.

Envoyer des cliniciens avertis partout dans le monde

Pour la psychiatrie transculturelle, il faut en effet séparer les sens subjectif et objectif de la dépression. La dépression, comme d'autres émotions ou groupes d'émotions, est une expérience « psychobiologique » universelle, transformée ensuite en quelque chose de culturellement spécifique, par répression ou, au contraire, à cause de la valorisation de certains de ses aspects. Dans cette optique, la réalité de ce qu'on met sous le qualificatif de « naturel » est la même partout, et la culture est ce quelque chose de surajouté et d'extérieur qui remodèle, vient donner corps et apparence à cette réalité intangible. Évidemment, la difficulté est de faire la liste de ces émotions ou groupes d'émotions universelles.

Si les caractéristiques sociales et culturelles de la dépression se surajoutent à sa nature objective, il est juste de les traiter comme secondaires, comme des épiphénomènes. Ces traits culturels ne sont que des artifices que le chercheur scientifique élimine pour n'étudier que l'essentiel qui est dissimulé au regard des profanes. Avec la globalisation, demain tout le monde pourra formuler ses troubles comme les êtres humains qui sont aujourd'hui les plus « évolués ».

Certains assument que la psychiatrie doit participer à la modernisation du monde en aidant les populations qui en sont « restées » à cette phase de somatisation prédominante pour qu'elles passent à une forme plus civilisée qui leur permettra de « psychologiser » leurs souffrances. Cela commencera, nous dit-on, avec les couches les plus élevées de ces populations : enseignants, hommes politiques, intelligentsia locale, etc. Ils sont les premiers à accepter de suivre une psychothérapie rationnelle ou de prendre des psychotropes. Ainsi, selon Arthur Kleinman, les Chinois, qui font partie de ces peuples qui ont tant de mal à parler en termes psychologiques modernes, pourront enfin apprendre à ne plus utiliser, comme ils le font actuellement, la notion qu'ils nous ont pourtant autrefois empruntée de « neurasthénie », et parler enfin comme tout le monde de « dépression » [1]. Ils auront appris à en faire vraiment et à trouver les mots justes pour en parler aux médecins. Les médecins auront aussi appris à observer les bons symptômes et à poser les bonnes questions. Cette stratégie est habile et elle a beaucoup de chances de réussir.

La psychiatrie transculturelle ne s'étonne donc pas de trouver, quand elle se donne les moyens de les chercher, des taux importants de patients déprimés dans des populations qui n'ont pas de mots pour en parler. Il suffit d'envoyer des « cliniciens avertis »

1. Arthur KLEINMAN, *Rethinking Psychiatry*, Free Press, New York, 1988.

dans n'importe quel pays du monde et ils sauront identifier les patients déprimés qui ne savaient pas jusque-là combien il était juste et bon pour eux d'être considérés ainsi. C'est le rôle de l'Organisation mondiale de la santé ou de l'Association mondiale de psychiatrie.

Il faut évidemment aider ces cliniciens avertis. Prenant en compte cette articulation entre le naturel (commun à tous les hommes) et le culturel (spécifique), les psychiatres transculturalistes travaillent aujourd'hui à doter le *Manuel diagnostique et statistique des troubles mentaux* d'un nouveau chapitre. Les troubles mentaux sont présentés dans le *DSM* selon des points de vue dits « complémentaires » qui permettent de décrire l'ensemble des troubles que présente le patient en consultation (axe I), mais aussi de tenir compte d'éventuels troubles de la personnalité, d'un éventuel retard mental (axe II) ou d'autres maladies (cancer, hyperthyroïdie, etc.) dont le patient peut être atteint et qui peuvent influer sur son état mental. Le psychiatre doit aussi indiquer les problèmes psychosociaux et liés à l'environnement, par exemple familial, du patient (axe IV). À partir de ces différents modes d'approche complémentaires, le psychiatre peut enfin donner une note globale au patient (axe V).

Les psychiatres transculturalistes veulent ajouter un sixième axe qui présentera les troubles mentaux « du point de vue des patients et de leur entourage ». Il permettra aux psychiatres de repérer ce qui est naturel et universel sous les mots imprégnés de culture qu'emploient les patients. Ainsi, ils déchiffreront sans peine des plaintes qui s'expriment encore en termes somatiques ou en termes religieux. L'objectif reste de ramener tous les patients à la classification commune et universelle des troubles mentaux qui a été mise au point par les psychiatres américains. Ce travail actif mené par la psychiatrie occidentale pour exporter partout dans le monde ses manières d'observer, de diagnostiquer et donc de soigner, constitue un nouveau facteur de transformation de la dépression en épidémie mondiale.

Mais pourquoi tous les peuples n'auraient-ils pas droit aux progrès de la médecine occidentale ? Ne le réclament-ils pas en urgence alors qu'ils sont confrontés au manque de médicaments et souvent privés d'un accès élémentaire aux systèmes de santé ? Autant il me semble justifié de se battre pour que tous aient accès gratuitement aux thérapeutiques mises au point contre les maladies infectieuses par exemple, autant il ne me semble pas évident que la médecine occidentale soit à prendre comme un bloc. Les patients ont un droit d'inventaire, car il est probable que toutes les inventions de la médecine occidentale ne se valent pas. Ce livre veut participer à ce droit à faire le tri.

Plus c'est artificiel, plus cela peut être pris en considération

Pourquoi la catégorie dépression nous permettrait-elle de « toucher le fond », d'accéder à une manifestation primitive, pas encore mise en forme, d'un mal qui toucherait toute l'espèce humaine ? Il nous faut apprendre à poser le problème autrement et définir une méthodologie différente de celle des psychiatres transculturalistes.

La critique de la psychiatrie transculturelle peut trouver des appuis dans les travaux d'anthropologues américains qui sont souvent restés éberlués par les prétentions théoriques de cette discipline. Ainsi des « ethnopsychologues » comme Catherine Lutz considèrent même que cette psychiatrie transculturelle n'est qu'une nouvelle forme d'ethnocentrisme dont le seul objectif est d'exporter dans le monde entier l'ethnothéorie psychologique particulière propre aux Occidentaux [2]. Pour eux, la psychiatrie officielle est une ethnothéorie parmi d'autres. Les ethnopsychologues contestent donc l'idée que les catégories occidentales peuvent servir de base à la recherche transculturelle.

Quand les psychiatres cherchent comment traduire le mot dépression dans les autres langues pour tenter de trouver des

2. Catherine LUTZ, « Depression and the Translation of Emotional Worlds », *in* Arthur KLEINMAN, Byron GOOD (eds.), *Culture and Depression. Studies in the Antropology and Cross-Cultural Psychiatry of Affect and Disorder*, University of California Press, Berkeley, 1985, p. 63-100.

équivalents acceptables, les ethnopsychologues leur demandent très sérieusement pourquoi ils n'essaient pas de faire le chemin inverse et de traiter de la même manière les notions inventées ailleurs. Pourquoi privilégier l'exercice du thème sur celui de la version ? Comment traduire en anglais la spasmophilie et la « boufée » délirante des Français ou le *nunuwan* des Ifaluks ? La psychiatrie transculturelle aurait fait le choix ethnocentrique d'une démarche déséquilibrée et asymétrique. Cette critique met les psychiatres transculturalistes en fureur. Ils réagissent comme s'ils étaient menacés par de dangereux « relativistes » alors qu'ils représentent la science et les Lumières, qu'ils incarnent l'universel et le progrès.

Pour les ethnopsychologues, la manière même dont « on » répond à la détresse détermine la nature de celle-ci, et pas seulement sa forme. Il n'est pas surprenant qu'un « clinicien averti », occidental ou occidentalisé, puisse trouver dans tous les pays du monde des patients déprimés. Face à ce clinicien averti, le patient se trouve placé dans un agencement contraignant, qui autorise et légitime certains comportements et la manière d'en parler, tout en en disqualifiant d'autres. Cela construit des individus d'un certain type. L'identité initiale d'une personne, telle qu'elle est affirmée par exemple face à un thérapeute traditionnel, est disloquée et reformulée par le « clinicien averti » en fonction de ses propres références.

À travers sa plainte, un patient formule ce dont il souffre et dont il veut être soulagé. Il existe d'autres traditions que la nôtre où la plainte nous apparaît comme encadrée, soumise à des rituels précis, comme s'il fallait l'empêcher de se manifester de manière sauvage et désordonnée, comme s'il fallait parfois aussi la « déléguer » pour qu'elle ne provoque pas trop de ravages. Dans certaines sociétés méditerranéennes, des pleureuses sont rémunérées pour exprimer de manière bruyante le désespoir qui accompagne un décès. Elles suivent le convoi du défunt jusqu'à la tombe et nous pourrions alors avoir l'impression qu'elles viennent substituer leurs pleurs théâtralisés à l'expression de l'émotion qui devrait saisir, légitimement et sans faux-semblant, les proches du mort. Comme s'il s'agissait d'« organiser » les émotions. Mais s'agit-il seulement d'une « mise en forme » ?

On peut considérer qu'il y a là un dispositif inventé pour éloigner le risque de manifestations trop violentes et déstabilisantes pour le groupe social quand elles restent sous leurs formes « naturelles ». En tant qu'Occidentaux modernes, nous n'aurions pas besoin de faire ce détour, car nous aurions le privilège d'être confrontés à un monde certes désenchanté, mais plus réel. Notre approche scientifique nous donnerait accès à la naturalité des choses, des sentiments, des émotions, alors que les autres ne pourraient les vivre qu'au travers de déguisements. Pourtant, cette hypothèse est la moins probable. Il est beaucoup plus prudent de penser que la manière dont nous exprimons notre plainte face à un événement tel le décès d'un être cher est tout aussi précautionneuse, construite et artificielle que dans le cas précédent. Pourquoi notre condition serait-elle plus « naturelle » et moins « cultivée » que celle des autres ?

Aucune manière d'exprimer la douleur ne va de soi et n'a le privilège d'une relation à la vérité. Une plainte n'est jamais naturelle et spontanée, elle est toujours formulée dans un cadre qui, d'une manière ou d'une autre, est appris. Notre tradition a eu tendance à masquer cette artificialité de la plainte, car nous avons cru que c'était la considérer comme moins réelle, la dévaloriser, la rendre indigne de respect. Il nous faut apprendre l'inverse : pour être prise en considération, traitée de manière satisfaisante par le groupe d'appartenance et par les thérapeutes, une plainte doit être mise en forme selon les bons canons. L'artificialité ne doit donc plus être méprisée au profit d'une prétendue naturalité. Paradoxalement, c'est la naturalité qui relève de l'illusoire et de la quête impossible. L'authenticité n'est pas le signe infaillible que nous avons à faire quelque chose de naturel ; elle est seulement le signe que quelque chose est suffisamment bien construit pour que cela nous paraisse naturel, « allant de soi », relevant du réflexe.

La plainte est donc structurée mais, si elle est formulée dans un cadre qui est appris, cela revient à dire qu'elle est, en retour, structurante. Le problème n'est donc pas tant de constater que nous fabriquons nous aussi nos manières de sentir et d'exprimer nos sentiments et nos émotions. Comprendre comment nous sommes en retour fabriqués par elles, c'est cela qui devient la tâche la plus intéressante. Comment participent-elles de notre identité transmise au fil des générations ? Il ne s'agit donc plus seulement d'une simple question de mise en forme, mais de l'idée que le choix d'une mise en forme particulière définit la personne dans ce qu'elle a de plus profond et de plus intime, au travers de ses appartenances qui font d'elles un être social.

On peut déjà dire : nous avons fabriqué la dépression et, simultanément, la dépression nous fabrique. La dépression est un risque que nous courons, nous Occidentaux, et qui nous différencie des autres. Pour des raisons que nous ne maîtrisons pas, une des caractéristiques de ce trouble est de pouvoir déraper de manière incontrôlée et de prendre alors la forme d'une épidémie.

Nous pouvons maintenant utiliser cette proposition pour mieux comprendre la psychiatrie. La psychopathologie ne peut pas approcher un phénomène morbide purifié de toutes les singularités d'une quelconque mise en forme. Un mal-être ne peut jamais être saisi sans être en même temps transformé. Il lui faut toujours un cadre défini pour qu'il puisse s'exprimer.

Des psychiatres, comme l'Australien Robert Barett [3] ou le Français Henri Grivois [4], ont fait cette redoutable constatation avec la schizophrénie, s'opposant du coup à ceux qui veulent promouvoir, sous l'influence de l'industrie pharmaceutique, son « diagnostic précoce ». Le diagnostic précoce consiste à repérer les jeunes patients qui présentent ce qu'on suppose être les premiers signes et les premiers comportements « laissant présager » une évolution vers la schizophrénie. Mais la meilleure manière d'inscrire quelqu'un dans un devenir schizophrène pourrait bien être le fait même d'en poser le diagnostic, d'employer le mot et d'inscrire la personne dans l'ensemble des dispositifs qui

---

3. Robert Barett, *La Traite des fous. La construction sociale de la schizophrénie*, Les Empêcheurs de penser en rond, Le Plessis-Robinson, 1998.

4. Henri Grivois, « Peut-on et a-t-on intérêt à faire un diagnostic précoce de la schizophrénie ? », *Ethnopsy. Les Mondes contemporains de la guérison*, n° 1, février 2000, p. 105-124.

vont avec (de la prescription de neuroleptiques, même à faibles doses, à des prises en charge psychothérapeutiques adaptées).

Il faut comprendre la raison pour laquelle un psychiatre sur trois n'annonce pas à un patient ou à sa famille qu'il envisage de poser le diagnostic de schizophrénie : cela renvoie à ce sentiment que diagnostic et pronostic sont indissociablement mêlés en psychopathologie. Ces psychiatres mettent en œuvre le principe de précaution en psychiatrie. Leur prudence me semble beaucoup plus sage que la précipitation dont font preuve les partisans du diagnostic précoce.

Cet exemple est d'autant plus intéressant que la schizophrénie est très éloignée de la dépression : on a mille fois plus de raisons de penser que la schizophrénie n'a pas la plasticité de la dépression. Et pourtant, même dans ce cas, les praticiens de la psychiatrie ont appris à être prudents.

Ne plus dissocier les maladies d'avec les manières de les soigner

Il n'est pas venu à l'idée des psychiatres transculturalistes de se demander ce qui se passerait si, à la place de « cliniciens avertis », on promenait partout dans le monde des thérapeutes qu'on appellera, par facilité, des thérapeutes traditionnels. Il est quand même fort probable qu'eux aussi seraient tout à fait capables de disloquer les ensembles de symptômes avec lesquels les patients se présentent (et prennent une identité) face au médecin ou au psychologue moderne. Ils pourraient faire apparaître des figures totalement différentes de patients, non plus déprimés ou schizophrènes, mais victimes par exemple d'un sort qui leur a été jeté ou possédés par un esprit. C'est sans doute ce qui se passe déjà, à l'insu de la communauté scientifique, dans les quartiers métissés des grandes villes occidentales où ces thérapeutes traditionnels sont de plus en plus nombreux à proposer leurs services.

Il n'est donc pas étonnant de trouver dans le monde entier des troubles qui ressemblent aux nôtres. Mais il faut tout de suite ajouter : à condition de les disloquer et de les figer dans une manière de voir et de prendre en charge qui est la nôtre.

La psychiatrie transculturelle accepte volontiers que les maladies de l'âme prennent des formes différentes en fonction des différentes cultures. Elle peut aller très loin dans ce sens et être formidablement tolérante. Cependant, elle ne franchit pas le pas qui lui permettrait de comprendre ce que font les thérapeutes traditionnels avec les personnes qui ne vont pas bien et qui s'adressent à eux pour recevoir un traitement approprié. Pour cela, il faut définitivement abandonner la recherche d'un socle commun qui constituerait la vérité de la dépression, car rien ne pourra jamais nous garantir contre la tendance à le définir en fonction de caractéristiques propres au mal-être en Occident. À lire la plupart des textes et des enquêtes de terrain consacrés aux « syndromes liés à la culture », on est frappé par la place extraordinairement réduite qui est faite aux techniques traditionnelles de prise en compte et de soins.

Ainsi, Byron Good, Mary-Jo Del Vecchio Good et Robert Moradi ont étudié le cas de Yani, une jeune Indonésienne souffrant de troubles mentaux [5] (Byron Good est une des figures les plus importantes de la psychiatrie transculturelle ; il est anthropologue et enseigne dans le département d'anthropologie et de médecine sociale de l'université de Harvard aux États-Unis). Ils la rencontrent longuement, elle et sa mère, à l'occasion de plusieurs voyages. Quand Yani leur parle de l'homme qu'elle suspecte être à l'origine de son mal-être, les auteurs commentent immédiatement : « Il est difficile de dire si cette histoire révèle une *paranoïa.* » Ils résument de la même manière un élément de l'histoire familiale que la mère de Yani leur rapporte : « Finalement, nous apprîmes que son mari, le père de Yani, avait connu un *épisode paranoïaque.* »

Le rapport qu'ils construisent entre les expériences indonésiennes et la psychiatrie occidentale apparaît également très clair

5. Byron J. GOOD, Mary-Jo DEL VECCHIO GOOD, Robert MORADI, « The Interpretation of Iranian Depressive Illness and Dysphoric Affect », *in* Arthur KLEINMAN, Byron GOOD (eds.), *Culture and Depression*, *op. cit.*, p. 369-428.

dans une phrase comme celle-ci : « Dans les cas de *dépression* observés à Java, le sentiment d'une impureté du corps joue un rôle majeur, en corrélation avec l'impression d'être un pécheur, d'être coupable, d'avoir déçu Dieu, d'avoir perdu sa faveur. On retrouve là des traits bien connus de ceux qui traitent des patients chrétiens et juifs en Europe et en Amérique du Nord. » Ils écrivent encore : « Les thèmes de la magie noire apparaissent dans son discours et dans son expérience ; forces spirituelles et sorcellerie sont souvent présentes dans l'expérience *psychotique*. » Les auteurs ne laissent jamais aucune chance à une explication locale : la psychiatrie occidentale vient immédiatement à la rescousse pour resituer l'expérience de Yani et, au-delà d'elle, celle des Indonésiens.

Les auteurs décrivent ensuite le traitement que reçoit Yani : « La solution retenue est presque toujours la prescription de neuroleptiques, souvent combinée avec des électrochocs. Il n'y a rien de surprenant à ce que Yani ait reçu un traitement de ce type. » Les auteurs vont d'ailleurs rencontrer leurs collègues, les psychiatres indonésiens de formation occidentale, mais ils ne s'intéresseront jamais à la manière dont les thérapeutes traditionnels peuvent agir face à une telle patiente. Ils font seulement état d'une demi-journée passée avec un enseignant islamique que Yani avait consulté. Manifestement, celui-ci est resté très vague (« Il la connaissait, mais sans savoir grand-chose de son histoire ; il n'était manifestement pas impliqué dans une relation psychothérapeutique avec elle, au sens usuel du terme »). On n'en saura pas plus, car cela n'*intéresse* pas les auteurs de l'étude.

Sommes-nous pour autant définitivement impuissants pour saisir ce qui relève des maladies de l'âme hors d'un contexte donné ? Sommes-nous condamnés à multiplier des analyses locales sans possibilité d'une pensée plus globale ? Cela serait assez désespérant et je ne le crois pas. Pourquoi ne pas tout simplement faire l'effort de prendre en compte la plainte du patient *et* la manière dont elle est prise en charge, en cessant de vouloir à tout prix séparer les deux ? Mais la psychiatrie transculturelle n'accepte pas que les maladies ne puissent finalement être saisies qu'en même temps que les outils et les concepts déployés pour les soigner. Cela l'obligerait à prendre véritablement en compte les savoirs et les compétences des thérapeutes traditionnels sans les disqualifier. Il est impossible aux psychiatres de faire ce chemin s'ils n'acceptent pas de considérer le guérisseur traditionnel comme un collègue, alors que l'habitude est de le disqualifier ou de l'ignorer.

La culture n'explique rien

Les choses se compliquent alors de manière intéressante. Mais nous pourrions déjà en apprendre sans doute beaucoup en regardant ce que font déjà les patients. Dans une même société, il n'y a jamais une seule manière de faire des blocs maladies/manières de les soigner, ce qui rend caduque l'utilisation du mot « culture » pour discriminer entre les différentes manières de se soigner. Cela s'applique d'ailleurs à toutes les maladies sans que nous ayons besoin de faire une catégorie à part pour les troubles mentaux. Ainsi, en France, un patient antillais atteint du sida ira volontiers suivre des soins le matin à l'hôpital et participera l'après-midi à un groupe de prières. Au Maroc, un patient ira voir un médecin de formation occidentale, puis un guérisseur, puis une confrérie jouant un rôle d'intercesseur avec les mondes invisibles, etc. À chaque fois, c'est la nature de la maladie et non pas la culture du patient qui change. Il faut désormais parler de « monde » et non pas de « culture » pour rendre compte de ces blocs toujours renouvelables formés par la maladie *et* la manière de la soigner.

Cela nous donne des outils méthodologiques nouveaux et très différents de ceux proposés par la psychiatrie transculturelle. Il est inutile de croire à une supériorité définitive de la psychiatrie occidentale pour comprendre ce qui nous arrive de particulier avec l'épidémie de dépression. Nous pouvons nous occuper à autre chose qu'à poursuivre le travail fastidieux de traduction dans toutes les langues du monde des catégories de la psychiatrie occidentale ou d'essayer de manière obsessionnelle de rapporter en permanence les récits des patients aux grandes catégories cliniques du *DSM*. Il est temps de s'intéresser à la manière dont nous avons inventé ces catégories.

Que se passe-t-il quand nous analysons les blocs formés par le trouble *et* la manière de le guérir dans la psychiatrie occidentale ? Que se passe-t-il si nous faisons le pari que nous ne pourrons rien comprendre à la dépression et à son épidémie si nous ne comprenons pas en même temps les antidépresseurs ? D'où viennent-ils ? Comment les avons-nous inventés ? Qu'ont-ils de particulier ?

3

Le plus dur est de convaincre les patients

Les théories psychiatriques servent à poser des diagnostics puis à soigner et non pas à comprendre comment fonctionne l'esprit ou la conscience. Ces théories doivent aller de soi pour tous les professionnels. Si ce n'était pas le cas, ils seraient dans l'incapacité d'agir alors qu'ils sont en permanence confrontés à des situations dramatiques, comme les tentatives de suicide ou les comportements violents, auxquelles il faut rapidement apporter une solution. Face à un trouble mental, le médecin est toujours en situation d'urgence. Tout ce qui consolide les théories et les rend plus évidentes est bienvenu, car rassurant.

En revanche, les théories psychiatriques vont rarement de soi pour les patients. Ils doivent apprendre à penser ce qui leur arrive dans les termes mis au point par la profession psychiatrique alors qu'ils peuvent avoir eux-mêmes d'autres théories explicatives. Cela ne va pas sans discussions et même sans crises. Les théories psychiatriques largement acceptées ne sortent pas toujours victorieuses des confrontations. L'abord d'un trouble mental peut faire l'unanimité jusqu'à ce qu'un puissant mouvement de remise en cause oblige à y renoncer douloureusement. Des patients peuvent être à l'origine de la crise. On vient ainsi d'assister en quelques années à l'effondrement de toutes les certitudes concernant les toxicomanes. D'un seul coup, plus rien de ce qui faisait un ensemble théorique cohérent et constituait une base d'accord entre professionnels n'est resté debout. Cela touche à la fois la compréhension des raisons pour lesquelles des personnes usent de substances illégales, la manière de les recevoir dans des centres de prise en charge, les propositions thérapeutiques à leur faire, etc.

Quelles sont aujourd'hui les grandes certitudes de la psychiatrie ? Qu'est-ce qui structure la théorie psychiatrique contemporaine et la distingue des autres psychiatries ? Sur quoi doit-elle convaincre les patients ?

En premier lieu, la psychiatrie moderne vit sur l'opposition entre les pensées et les émotions. Les émotions renvoient à la subjectivité, à la partie cachée des individus. Elles ne sont jamais complètement communicables. À l'inverse, les pensées peuvent être comparées, évaluées et circuler assez facilement d'un individu à l'autre. Les émotions renvoient à la nature et la pensée à la culture.

La seconde caractéristique de la psychiatrie, quelle s'incarne dans le projet médical ou dans le projet psychologique, est toujours d'aller au-delà des mots, vers un monde intérieur, celui de l'expérience inconsciente inarticulée ou celui du cerveau et de ses circuits neuronaux. La psychiatrie présuppose l'existence d'un référentiel caché au regard. La dépression est ainsi toujours liée à une cause intérieure dont on ne voit d'abord que les manifestations. Que la psychiatrie soit d'inspiration psychanalytique ou biologique, elle considère comme allant de soi cette existence d'une intériorité à l'origine des difficultés que rencontre le patient. Les offres de soin sont systématiquement articulées à cette intériorité psychique ou biologique.

Nous disposons pourtant d'une série d'indices qui nous montrent que cela va de moins en moins de soi. Les patients sont de plus en plus nombreux à refuser de laisser interpréter leurs problèmes en termes d'intériorité psychique. Souvent, ce n'est même pas le mot de dépression qui traduit le mieux l'expérience dont ils ont envie de parler. Ils finiront peut-être avec cette étiquette et penseront eux aussi qu'elle leur convient parfaitement, mais ce n'est pas ainsi qu'ils commencent leur parcours. Nous voudrions prendre quelques exemples qui nous semblent illustrer la fragilité des fondements de la psychiatrie.

Les traumatismes intentionnels

Le mot « harcèlement » est apparu récemment dans le discours des psychologues et connaît un large succès, comme si on mettait enfin le doigt sur un phénomène que de nombreuses personnes connaissent parce qu'elles en sont victimes, mais qui n'était pas décrit jusque-là avec les mots justes. Le mot est inconnu en psychologie et en psychiatrie. Vous ne le trouverez pas dans les différentes éditions du *Manuel diagnostique et statistique des troubles mentaux* (*DSM*), vous ne le trouverez pas non plus dans les dictionnaires de psychanalyse.

Dans la tradition psychiatrique et psychanalytique qui s'intéresse aux causes des troubles mentaux en tant qu'ils sont une manifestation de l'intériorité du patient — qu'on appelle pour cela « sujet » —, l'évocation de harcèlement amène à la plus grande prudence. Les professionnels ne s'intéressent pas en premier lieu au contenu du récit du patient. Ils se demandent plutôt quel est le profit psychologique d'une personne qui se plaint de harcèlement, comme ils se sont interrogés vainement pendant des années sur le profil psychologique des toxicomanes. Ne manifestent-ils pas des traits paranoïaques ? Leur sentiment de persécution ne renvoie-t-il pas à une homosexualité inconsciente ? La formulation d'une plainte sous cette forme ne traduit-elle pas d'abord un manque de clairvoyance du patient sur lui-même, son incapacité à voir qu'il est, en toute fin de compte, responsable de ses difficultés psychiques ? Sa guérison ne passe-t-elle pas par une meilleure clairvoyance sur lui-même ?

Quand des psychanalystes comme Marie-France Hirigoyen osent parler de harcèlement [1], expliquer que les psychologues et les psychiatres sont coupables de non-assistance à personne en danger lorsqu'ils refusent d'entendre leurs patients en les renvoyant à leur intériorité, des centaines de milliers de personnes ont applaudi. Il y a bien longtemps que des livres de psychologie comme *Le Harcèlement moral* n'ont pas remporté un tel succès. Je ne suis pas sûr que les institutions officielles soient pourtant sensibles à ce qui pourrait être un véritable ferment de crise dans la psychiatrie. Elles ont du mal à renoncer à l'intériorité psychique et la structuration des personnalités par des événements remontant à l'enfance (« Parlez-moi de vous »), ou à la prédisposition biologique/génétique.

Si on considère le dépressif harcelé avec un œil neuf, la manière dont l'agresseur détruit ses victimes peut être décrite de façon précise et concrète. Mais cela oblige à abandonner l'idée d'une causalité liée à l'intériorité du sujet qui permettait, en remontant par exemple à sa petite enfance, de comprendre les raisons d'une dépression. La dépression renvoie désormais d'abord à un autre personnage : le stratège agresseur. On découvre qu'il existe des manières de rendre l'autre fou.

Plusieurs cas ont été rapportés, en particulier dans les relations de travail. Un exemple classique est celui d'une fusion de deux entreprises de tailles différentes : l'une est deux fois plus importante que l'autre mais sans doute moins moderne, plus enracinée dans son passé d'entreprise autrefois nationalisée. Beaucoup de postes de responsabilité sont en double. Les équipes de l'entreprise la plus grosse voient d'un mauvais œil les concurrents du groupe plus petit arriver dans leurs locaux avec une expérience parfois plus riche que la leur, de meilleurs salaires, etc. Ils faisaient souvent mieux que ceux de l'entreprise la plus grosse et avec moins de moyens. Ils utilisaient les technologies les plus modernes alors que les responsables de l'entreprise la plus grosse étaient en retard dans de nombreux domaines, se sentant moins

---

1. Marie-France Hirigoyen, *Le Harcèlement moral*, Syros, Paris, 1998 ; *Malaise dans le travail*, Syros, Paris, 2001.

menacés par la concurrence. Plusieurs anciens responsables de l'entreprise la plus petite sont nommés adjoints, le titre de directeur étant le plus souvent réservé aux anciens responsables de l'entreprise la plus grosse. La concurrence se retrouve à tous les niveaux, alimentant les ressentiments et les haines.

Dans de nombreux secteurs, les adjoints essaient de profiter de conditions de départ avantageuses et quittent l'entreprise. Le harcèlement contre leurs anciens collaborateurs peut alors commencer. Les mesures prises contre eux sont justifiées par la nécessité de préserver des secrets d'entreprise face à un ancien collaborateur parti ailleurs, mais qui a gardé de trop bonnes relations avec ses anciens adjoints. Cela sert de justification pour surveiller les lignes téléphoniques. La communication se réduit à des post-it posés sur le bureau. Lorsque les anciens adjoints vont dans l'espace cafétéria, tous les autres membres de l'équipe issus de l'entreprise absorbante s'éclipsent. Ils ne sont plus informés des événements les plus ordinaires : nominations, avantages sociaux. Leurs factures sont mystérieusement bloquées ou systématiquement égarées dans les circuits administratifs, ce qui les oblige à de longues contorsions avec les fournisseurs excédés. Le responsable du service salue tout le monde le matin, sauf eux. Ils ont l'impression qu'on guette leur moindre faute pour préparer leur licenciement dans les plus mauvaises conditions.

Les personnes ainsi tourmentées commencent à mal dormir. Elles font appel aux autres membres de leur ancienne entreprise : soit elles ont des problèmes semblables, soit elles consacrent tous leurs efforts pour réussir dans la fusion et ne peuvent pas s'attarder sur ce qui représente une menace pour la réussite de leur propre projet. Les dirigeants des niveaux les plus élevés n'échappent pas à la concurrence qui oppose les équipes.

Les nouveaux dispositifs rendent les personnes incapables d'agir. Elles ont vite le sentiment de ne plus avoir d'issue : quoi qu'elles fassent, c'est mal. Il ne leur reste donc plus qu'à se mettre en position de retrait, à ne plus rien tenter, à ne plus agir, comme si c'était devenu la seule solution pour survivre le plus longtemps possible dans cet environnement morbide.

Le plus difficile à vivre est la rupture d'appartenance qui est exigée de tous les salariés : on leur interdit de se définir en fonction de leur ancienne entreprise. La direction appelle à faire table rase du passé, à oublier les expériences antérieures, au moment même où celles-ci constituent les derniers points de repère salvateurs. Les personnes en crise sont abandonnées. Elles ne doivent se définir que par rapport à un futur imaginaire dont elles apprennent mécaniquement à parler dans des termes qui ont cette particularité d'être totalement contradictoires avec ce qu'elles vivent au même moment. Toute la nouvelle politique de communication interne est fondée sur l'adage : « Dans deux ans, plus personne ne doit savoir qui vient de l'entreprise A et qui vient de l'entreprise B. » Cette exigence de rupture des liens, l'interdiction de parler du passé pour rappeler ses compétences, est la chose la plus éprouvante, la plus angoissante et la plus paralysante que vivent les salariés dont certains ont plus de dix ou vingt ans d'ancienneté. Les organisations syndicales pourraient prendre le contrepied de cette politique de « communication » et réunir par groupes les personnes que cette politique met en difficulté. Chacun aurait pu y repenser ses appartenances à travers des expériences de mémoire vécues collectivement. Cela se produit rarement, car les représentants syndicaux méprisent souvent les cultures d'entreprise spécifiques au profit de plus grandes appartenances, de métiers ou de classe sociale.

Venir travailler devient très vite un supplice. La consultation d'un médecin pour obtenir un arrêt de travail se révèle la manière la plus simple de s'en sortir, au moins à court terme. Et quoi de plus simple que de demander un arrêt pour dépression ? Un cercle vicieux s'installe et il est de plus en plus difficile pour la victime de reprendre le travail. Progressivement, elle présente de plus en plus de traits qui permettent de « poser » le diagnostic de dépression.

L'agresseur fait appel à des techniques de harcèlement qui sont toujours les mêmes : mise à l'isolement, dévalorisation, disqualification, mépris, création d'un climat d'incertitude sur l'avenir dans l'entreprise, réunions discrètes ou même secrètes de clans. Il mobilise ses alliés pour qu'ils se comportent de la même manière, en échange de promesses d'avancements, mais surtout au nom de la conception de l'entreprise mise en danger par la fusion et les nouveaux arrivants. Tout cela est organisé et planifié : l'objectif des agresseurs est de ne pas pouvoir être identifié, de créer grâce à leurs alliés des dispositifs permettant de susciter des comportements dont on sait qu'ils sont insupportables pour les victimes désignées. Rien ne s'imite mieux et plus facilement que les agressions, surtout dans les moments où elles sont valorisées par les mécanismes de pouvoir. Les victimes sont fragilisées, commettant des fautes qui viennent ensuite justifier l'attitude des agresseurs. Elles sont jugées responsables de ce qui leur arrive par incompétence psychologique, baptisée dans ce cadre « manque d'adaptation ». Les agresseurs agissent bien comme des sorciers malfaisants.

Le risque est toujours de continuer le travail de l'agresseur

Les caractéristiques des victimes sont évidemment repérables et descriptibles en termes psychologiques, mais cette psychologisation du problème est désastreuse pour elles : cela revient à poursuivre le travail de l'agresseur et aide d'autant mieux ce dernier à dissimuler son méfait. En parlant d'intériorité psychique, de conflit intrapsychique, de prédisposition, le psychiatre conforte — sans s'en rendre compte — de façon décisive ce travail de dissimulation. Un agresseur qui réussit disparaît totalement derrière son crime et convainc la victime elle-même que tout est de sa faute et que son problème n'est qu'une énième manifestation de sa faiblesse.

Ce que les psychologues comme Jean-Claude Valette ont mis en évidence, c'est que « contrairement à ce que leurs agresseurs essaient de faire croire, les victimes ne sont pas, au départ, des personnes qui ont une pathologie préexistante ou qui sont particulièrement faibles. Au contraire, très souvent le harcèlement se met en place quand une personne réagit à l'autoritarisme d'un chef et refuse de se laisser asservir. C'est parce qu'elle a la capacité de résister à l'autorité malgré les pressions qu'elle devient cible à atteindre [2] ». Parler de prédisposition, c'est alors continuer le travail de l'agresseur !

Dans ce domaine, les analyses les plus récentes et les plus intéressantes sont dues à des psychologues cliniciens comme Françoise Sironi, qui témoigne, dans son superbe livre *Bourreaux et victimes* [3], de ce qu'elle a appris en prenant en charge des personnes réfugiées en France et qui ont été torturées dans leur pays d'origine. Ses analyses nous éloignent encore plus de l'idée d'une intériorité donnée à l'avance, et donc d'une sorte de prédisposition à être malade qu'on trouverait chez tout patient déprimé et se livrant à un travail d'introspection psychologique.

Dans les cas de torture comme dans ceux de harcèlement, le patient doit être considéré comme ayant été victime d'un traumatisme intentionnel, d'une véritable « attaque ». Et, là encore, tout le dispositif de compréhension et la technique thérapeutique doivent partir de cette notion de patient attaqué par une personne qui peut être identifiée et nommée, même si cela n'est pas facile. La seule position efficace du thérapeute est d'être au côté du patient, contre son ennemi extérieur, contre le tiers qui a suffisamment réussi sa tâche pour que, même une fois absent, il continue à détruire activement sa victime. La plus grande victoire du bourreau est de réussir à créer cette intériorité destructrice pour sa victime, de lui loger dans le ventre un monstre qui continue longtemps à le dévorer (littéralement) de l'intérieur (en Afrique, ne dit-on pas que les sorciers « mangent » leurs victimes ?).

Croire et faire croire à une « prédisposition » psychique ou biologique à la dépression chez ce type de patients revient à poursuivre le travail du tortionnaire, car les victimes de harcèlement sont justement des personnes dont les premières réactions à ce que leur agresseur leur fait subir sont normales et justifiées. L'agresseur va retourner cette protestation contre la victime afin que tout le monde puisse penser qu'elle est seule responsable de

---

2. Jean-Claude VALETTE, « Harcèlement moral et santé mentale », *Le Journal des Psychologues*, n° 183, décembre 2000/janvier 2001, p. 59-61.

3. Françoise SIRONI, *Bourreaux et victimes*, Odile Jacob, Paris, 1999.

ce qui lui arrive. La notion de « prédisposition » devient dès lors particulièrement utile pour les agresseurs.

Ces nouvelles descriptions des causes des troubles mentaux ont des prolongements dans tout le vocabulaire utilisé. Les mots employés par ces psychologues qui ont eu à prendre en charge des patients victimes d'agresseurs viennent sonner étrangement dans le monde moderne de la psychopathologie, car ils la prennent à revers. Ils situent à l'extérieur ce qu'elle ambitionne toujours de ramener à l'intérieur du sujet. Ils nous parlent subitement d'*ennemis*, d'*attaques*, de *peur*, de *vengeance*, de *mal*, de *lutte*, d'*indignation*, de *révolte*, de patients *anesthésiés*, *paralysés*. Cela n'a plus rien à voir ni avec la psychiatrie du *DSM*, ni avec la psychanalyse, ni avec les théories qui justifient les psychothérapies.

La « peur » dont il est toujours question dans les récits de traumatismes intentionnels a souvent été délitée en « anxiété » ou « angoisse » sous la plume des psychopathologistes classiques. On est maintenant en droit de se demander : de quel droit ? Pour quel profit ? Le mot « anxiété » nous enferme dans un dispositif où seule l'intériorité ou la prédisposition biologique ont un sens. À l'inverse, le mot « peur » a l'avantage de décrire de manière banale ce qui arrive aux patients sans qu'ils soient immédiatement inscrits dans un dispositif les rendant responsables de ce qui leur arrive. Le mot « peur », dont la dimension biologique peut évidemment être étudiée, nous ouvre à l'approche la plus multiple qui soit. Mais cela n'a pas de sens de dire que la peur « a une cause biologique » : en revanche, il est évident que la peur « mobilise » des dispositifs biologiques. Nous reviendrons plus loin sur cette distinction qui renvoie à des usages opposés du travail des biologistes.

Il est amusant de constater que les psychologues concernés par le harcèlement ou les agressions en général emploient à nouveau le mot *résistance* dans un sens positif, après des années d'utilisation dans un sens négatif par les psychanalystes ou par les psychiatres prescripteurs (car désignant l'opposition inconsciente du patient à la reconnaissance de l'origine de ses troubles dans le processus de la cure). Ces mêmes psychiatres ne peuvent se contenter de décrire des symptômes, des comportements, des sentiments et des émotions, ni de renvoyer les patients à une structuration de leur personnalité. Les mots du *DSM* comme ceux de la psychanalyse apparaissent alors comme ridicules. Ils sont devenus totalement incongrus, déplacés et même insultants pour les patients.

Quand ceux-ci se sentent insultés par ce que les thérapeutes leur proposent, alors la situation de crise est mûre pour que, collectivement, on s'interroge sur nos manières de prendre en charge et de soigner. Cela paraît vite évident lorsque l'on expose le cas d'un salarié harcelé sur son lieu de travail. On a plus de mal à avoir la même attitude face à un patient immigré victime d'une attaque de sorcellerie. Employer des mots insultants revient à enfoncer un peu plus ces patients dans la pathologie, à leur confirmer que le mal est en eux et vient d'eux seuls. Cela revient à prendre le relais des agresseurs. Il faut, pour être un vrai thérapeute dans ce type de situation, passer de la description du patient à la nomination du tiers et de ses intentions. Cela donne un souffle d'air frais dans l'environnement descriptif de la psychopathologie classique.

On voit ici comment le mot de « dépression » est le résultat d'une histoire limitée. Nous pourrions maintenant imaginer qu'une autre histoire aurait été possible où nous aurions appris à nommer les agressions et les agresseurs, à leur résister et, surtout, à ne pas renvoyer immédiatement le trouble des victimes à une intériorité psychique ou biologique. Dans cette autre histoire, nous aurions, en priorité, développé des moyens pour apprendre à résister collectivement à la forme suprême du harcèlement : celle où la qualité principale de l'agresseur est de savoir dissimuler son forfait et sembler innocent. Nous aurions, en conséquence, développé une habileté (et peut-être créé des spécialistes) pour toujours tenter de trouver une cause extérieure à un trouble mental. Cela aurait été la règle. Dans les cas difficiles, quand un agresseur aurait été particulièrement difficile à identifier, les réussites auraient été considérées comme dignes d'être racontées dans les congrès et les revues. Peut-être que, dans cette histoire différente, nous aurions d'ailleurs trouvé une autre expression que celle de « trouble mental » pour parler de ce qui arrive aux victimes. Nous aurions aussi accueilli avec un scepticisme amusé les tentatives de fabriquer de nouveaux mots comme ceux d'« anxiété » ou de « prédisposition ». Ils ne s'appliqueraient éventuellement que dans des cas limites rares : ceux, par exemple, où la personne qui fait le mal est en même temps celle qui subit le mal, tout en l'ignorant !

Notre histoire n'a pas été celle-là. Il va donc nous falloir expliquer comment nous inventons en permanence des dispositifs efficaces qui créent de l'intériorité. Ces dispositifs nous fabriquent comme des êtres humains ayant, avant tout, des raisons biologiques ou psychologiques d'être victimes d'un trouble mental, alors que cela ne va pas de soi. Nous devrons aussi examiner si ces dispositifs participent à la possibilité d'épidémies.

4

Les études cliniques installent la dépression

Nous avons maintenant établi deux choses essentielles : d'abord, comment la psychiatrie « mondialise » la dépression ; ensuite, grâce à l'exemple du harcèlement, comment la psychiatrie « transforme » certaines formes du mal-être en dépression par un processus d'intériorisation. Cela ne va pas de soi pour beaucoup de victimes, mais la psychiatrie possède une force qui convainc. Il nous faut maintenant étudier d'où la psychiatrie moderne tire cette force et cela nous oblige à nous intéresser à ses moyens thérapeutiques, les psychotropes.

Les antidépresseurs sont la deuxième grande famille de psychotropes qui a été proposée par l'industrie pharmaceutique dans la foulée de la mise au point, en 1952, des neuroleptiques utilisés pour soigner les patients schizophrènes. Les premiers antidépresseurs ont une structure chimique très proche de celle des neuroleptiques. C'est en voulant copier le premier neuroleptique de Rhône-Poulenc que des chercheurs du laboratoire pharmaceutique concurrent Geigy créent le premier antidépresseur, l'imipramine. Quand on compare les structures chimiques du premier neuroleptique et du premier antidépresseur, on est stupéfait de leur ressemblance, à deux atomes près. À l'époque (nous sommes en 1955), le laboratoire pharmaceutique refuse de financer son développement : il considère que le marché de la dépression est insignifiant. Seule la schizophrénie, qui touche 1 % de la population, l'intéresse. Aujourd'hui, le contraste est saisissant : tous les laboratoires pharmaceutiques rêvent d'avoir un antidépresseur dans leur portefeuille de produits.

Les antidépresseurs sont des médicaments modernes. Comment comprendre le mot « moderne » ? Un médicament « moderne » est-il la conséquence directe des progrès de la science biologique ? Les psychiatres qui prescrivent des psychotropes peuvent le penser, car ils ont pris l'habitude de parler de « psychiatrie biologique » par opposition aux psychothérapies. J'essaierai dans le chapitre 9 de comprendre le rapport que les psychotropes entretiennent avec la biologie, mais il faut d'abord observer ce qui se passe quand les chercheurs testent un candidat médicament dans des études cliniques. Les études cliniques sont en effet toujours indispensables à l'obtention d'une homologation administrative. Mais leur rôle ne s'arrête pas là.

Regrouper et comparer

Les antidépresseurs sont mis au point selon des règles qui s'appliquent à tous les médicaments. D'où viennent-elles ? Un peu avant la Seconde Guerre mondiale, des médecins américains commencent à douter de l'efficacité et de l'innocuité des médicaments proposés par une industrie pharmaceutique de plus en plus puissante et dont les moyens publicitaires sont inversement proportionnels à ses scrupules. Le bon sens de leurs confrères leur semble insuffisant pour juger, chacun dans son coin, des propositions thérapeutiques qui sont de plus en plus nombreuses.

Ce petit groupe de médecins prend le nom de « réformateurs thérapeutiques ». Il entre en contact avec des statisticiens et des hommes politiques pour chercher à définir une procédure qui tranche de manière rigoureuse si un médicament est efficace ou non, voire dangereux et nuisible dans la pathologie qu'il est destiné à soigner. Ils inventent les premières études cliniques. Une longue bataille politique les oppose à la majorité des médecins, dont la capacité individuelle de jugement est mise en cause par cette démarche. Mais leur solution triomphe au-delà de toute espérance et devient une expérience incontournable à laquelle il faudra soumettre tous les nouveaux médicaments. Les réformateurs thérapeutiques ont inventé le « principe de précaution » avant l'heure. Les études cliniques sont conçues comme un moyen de contrôler l'industrie pharmaceutique.

Les pouvoirs publics auraient pu s'en saisir et se donner les moyens de financer des études cliniques. L'histoire de l'industrie pharmaceutique et de l'offre des médicaments aurait été alors très différente. Ce n'est pas ce qui s'est passé.

Au début, les industriels sont divisés face à ce nouveau type d'exigence. Les études cliniques sont un moyen de limiter leurs prétentions et de restreindre leur liberté de commerce. Ils n'aiment pas ça. Paradoxalement, ce qui constitue une nouvelle manière de brider le marché des médicaments va faire le tri parmi eux : ceux qui ne veulent pas s'y adapter disparaissent, alors que les autres engrangent des succès à une échelle toujours plus grande. Les grands laboratoires pharmaceutiques ne restent pas longtemps réticents et acceptent non seulement que leurs médicaments soient soumis à l'épreuve des études cliniques, mais ils en deviennent les promoteurs. À partir des années cinquante, les études cliniques deviennent la spécialité des grands industriels du médicament. Ils les font évoluer et les perfectionnent. Les industriels ont transformé la situation : les études cliniques sont désormais, non plus un moyen de contrôle, mais le moteur même de l'innovation. Ils réorganisent leurs entreprises et leurs priorités d'investissement pour leur donner une place centrale.

Un grand laboratoire pharmaceutique est désormais un laboratoire qui maîtrise parfaitement cette phase de son activité. L'essentiel de la publicité est fondé sur les résultats obtenus au cours d'études cliniques. Quant à la profession de médecin, elle en sort redéfinie, puisque les médicaments reçoivent leur autorité d'une procédure qui les précède et qui les ignore dans leurs pratiques et leurs jugements individuels. Un mouvement est lancé, qui enlèvera toujours davantage leur droit d'initiative aux médecins : il leur est de plus en plus impossible de prescrire un médicament hors de ses strictes indications codifiées au moment de son homologation.

Ainsi sont nées les études cliniques contrôlées. Deux groupes de patients sont constitués. Ils doivent être comparables, en particulier sous l'angle pathologique : être bien atteints, de manière semblable, du même mal. Un des groupes reçoit un « placebo » (qui ne contient aucun « principe actif ») et l'autre le candidat médicament (qui contient la nouvelle molécule à tester). Ni les médecins ni les patients ne savent qui prend le placebo et qui prend le candidat médicament dont il s'agit de tester l'efficacité. Placebo et candidat médicament se présentent sous des formes identiques : même forme, même couleur. Au bout d'une période de temps déterminée, les résultats sont dépouillés et une étude statistique permet de savoir si le candidat médicament a montré une efficacité thérapeutique statistiquement supérieure à celle du produit placebo (car l'administration de ce dernier, bien qu'il soit inactif, peut avoir comme on le sait des effets thérapeutiques : c'est l'« effet placebo », sur lequel je reviendrai). Malgré tous les perfectionnements qui leur ont été apportés, les études cliniques restent une procédure *a posteriori* : elles vérifient que le candidat médicament tient ses promesses. Elle n'a rien à dire sur ce qui se passe avant, au cours du choix de la molécule.

Voilà qui paraît si banal qu'on se demande parfois pourquoi il a fallu attendre les cinquante dernières années pour soumettre les candidats médicaments à ce type de vérification. Pourquoi n'y a-t-on pas pensé plus tôt ? Mais les choses ne sont pas aussi simples qu'elles paraissent. Il faut réunir deux conditions pour rendre possible ce type d'étude. La première tient aux candidats médicaments eux-mêmes : ils doivent être tous identiques au cours de la même étude clinique, ce que seules la chimie et l'industrialisation moderne permettent. Tant que les médicaments sont fabriqués de manière approximative dans l'arrière-boutique d'un pharmacien, on ne peut rien comparer.

Les études cliniques ne sont donc pas liées à un progrès de la biologie. Les outils statistiques que les chercheurs utilisent ne sont pas très nouveaux. C'est le développement du capitalisme industriel qui rend possible ce type d'études, car il redéfinit les conditions de la fabrication et du contrôle pharmaceutique. Pas d'études cliniques sans le triomphe de l'usine sur l'arrière-boutique du pharmacien.

La seconde condition tient aux patients : ils doivent être atteints de la même pathologie afin de constituer des groupes qui soient réellement comparables. Ici, les découvertes biologiques jouent un rôle essentiel : le diagnostic de nombreuses maladies est rendu moins dépendant du bon sens clinique et renvoie à une procédure de tests en laboratoires.

Les quatre phases d'une étude clinique

Il nous faut maintenant entrer dans le détail. Les études cliniques n'ont pas lieu de manière désordonnée, mais suivent un chemin compliqué, selon quatre « phases ». En phase I, des volontaires sains testent la molécule. À ce stade, les études ont pour objet principal d'évaluer la tolérance clinique du produit. La molécule étudiée ou le placebo sont administrés à *quelques sujets*, en pleine santé, âgés de 25 à 45 ans en moyenne, à dose unique puis à doses répétées (de une à trois fois par jour pendant une à deux semaines).

Ces études sont menées dans des conditions extrêmement strictes de sécurité, au sein de centres spécialisés qui recrutent les sujets à partir d'un fichier de volontaires sains. Cette phase I des études cliniques est placée sous la responsabilité du département de pharmacologie clinique d'un laboratoire pharmaceutique. Elle est désormais totalement professionnalisée : ceux qui la réalisent sont des spécialistes. Les phases suivantes sont entre les mains de cliniciens et s'insèrent dans leur pratique médicale courante. Elles ne commencent que si la tolérance de la molécule ainsi testée est bonne ou, autrement dit, si le tout petit groupe de patients de la phase I l'a supportée sans dangers.

En phase II, la molécule est testée non plus sur des sujets sains mais chez des patients qui souffrent de la maladie ou du syndrome qui doit être bien défini à l'avance. Dans cette phase, on inclut en général de 500 à 1 000 patients sur deux ans. Il s'agit de déterminer la dose optimale ayant le meilleur rapport bénéfice/risque (efficacité/tolérance) : on appelle cela le *dose-ranging*. Différentes doses sont donc testées, et les résultats obtenus avec la molécule et avec le placebo sont analysés. Si, après l'analyse statistique, les résultats sont positifs, le développement clinique entre en phase III.

Les cliniciens recrutent des patients plus représentatifs, moins « sélectionnés », ressemblant le plus possible aux patients qui sont susceptibles de prendre ce médicament quand il sera sur le marché. Cela reste souvent très théorique, en particulier parce que les patients qui participent à une étude clinique sont censés ne pas consommer d'autres médicaments, ce qui a par exemple donné lieu à de fortes controverses avec les associations de patients quand les chercheurs ont étudié l'effet des antiviraux dans le traitement du sida : pouvait-on obliger les patients à abandonner leurs traitements préventifs de certaines affections secondaires dues à leur déficience immunitaire pour mieux étudier une molécule au pouvoir encore incertain ?

Le candidat médicament n'est plus seulement comparé à un placebo, mais aussi à des médicaments de référence déjà commercialisés dans la même indication, quand ils existent. On fait ainsi des études « à trois bras » : candidat médicament, médicament de référence, placebo. Il faut démontrer les avantages du nouveau médicament par rapport à son concurrent à la fois en terme de tolérance et d'efficacité. Cette phase, qui concerne en général quelque 3 000 malades, dure environ trois ans. Elle permet aussi de recueillir des données sur la tolérance du médicament administré à long terme (un an ou plus).

À la fin de cette phase III, toutes les données recueillies au cours des différentes études sont analysées. L'efficacité globale de la molécule comparée à celle du placebo et à celle des produits concurrents est établie, tout comme la tolérance globale et spécifique, organe par organe, qu'elle soit clinique ou biologique. Un dossier d'enregistrement est alors préparé, comprenant non seulement toutes les études cliniques réalisées pendant les six ou sept années du développement, mais aussi les informations chimiques, pharmaceutiques, etc. Le dossier est soumis aux autorités de santé des différents pays ou groupes de pays pour obtenir son « autorisation de mise sur le marché » (AMM).

Viennent ensuite, sous contrôle des services marketing, des études de phases IV. Leur méthodologie est identique à celle des phases III, mais elles concernent un nombre beaucoup plus grand de patients : des dizaines de milliers sont recrutés. Ces études sont menées dans l'indication et à la posologie recommandées dans l'AMM. Si le laboratoire pharmaceutique veut mettre en valeur de nouvelles qualités et obtenir de nouvelles indications, il doit repasser par les procédures d'une phase III. C'est indispensable pour obtenir, par exemple, une extension d'AMM qui permet de vendre plus largement le nouveau médicament.

Ces études de phase IV ont pour objet de démontrer plus formellement les avantages du médicament, ses « plus », par exemple en termes de pharmaco-économie (*in fine* le nouveau médicament permet-il à la Sécurité sociale de faire des économies en diminuant par exemple les journées d'hospitalisation ou les arrêts de travail ?) ou en améliorant la qualité de vie des patients. Grâce à elles, le nouveau médicament prend une place grandissante dans la pratique des médecins et dans la vie de dizaines de milliers de patients. Le médicament s'installe avec ses indications précises qui le différencient de ses prédécesseurs. Ces nouvelles indications peuvent renouveler complètement la manière de présenter une maladie.

Le pouvoir de l'effet placebo

Les médecins, les pharmaciens, les chercheurs et les hommes politiques considèrent généralement l'ensemble de ces études comme la preuve que la médecine occidentale mérite vraiment le nom de médecine *scientifique*. La ligne de démarcation entre médecins et charlatans serait enfin devenue évidente.

Le placebo s'oppose au candidat médicament et permet de mesurer ses effets. Mais ce n'est pas tout : l'« effet placebo » nous permet aussi de comprendre qu'il est parfois possible de soulager et même de guérir sans aucun traitement. Il nous fournirait un degré zéro de la thérapeutique médicamenteuse et peut-être, au-delà, de toute thérapeutique. Le modèle des études contre placebo est, du coup, proposé pour tester tous les moyens thérapeutiques. Par son caractère universel, il devient capable d'absorber et de digérer toutes les médecines. Il les met toutes en position de faiblesse. Tout ce qui prétend être un remède doit pouvoir être étudié de cette manière. Si ce n'est pas possible, alors il ne mérite pas le nom de médicament. Ceux qui, comme la plupart des homéopathes, refusent de soumettre leurs propositions thérapeutiques à cette procédure ne peuvent le faire que pour de mauvaises raisons : ils révèlent par là même qu'ils ne sont que des charlatans.

Mais ce raisonnement n'est-il pas un peu trop facile ? Tout dans cette procédure devrait nous appeler à la modestie et non pas à l'arrogance. Les études cliniques contre placebo représentent le triomphe absolu de l'empirisme et révèlent les limites de nos connaissances biologiques. Le résultat est largement dépendant du protocole qui est négocié avant chaque étude clinique entre les différents partenaires (laboratoire, cliniciens, comité d'éthique) : conditions d'entrée des patients, durée de l'étude, type de tests à effectuer, choix du médicament de référence, choix des dosages, etc. Qu'un seul de ces critères soit mal déterminé et l'étude échoue à démontrer quoi que ce soit. Si vous savez que votre candidat médicament a peu de chance d'être plus efficace que le produit de référence, alors vous essaierez de montrer que vous avez une meilleure tolérance. Pour le démontrer, vous donnerez de fortes doses du médicament concurrent et les doses les plus faibles possibles du vôtre. Si vous savez que votre concurrent a beaucoup de chances d'agir plus vite que votre médicament, vous ne mesurerez les effets obtenus qu'au bout d'un laps de temps suffisant au bout duquel les deux médicaments sont à égalité. Vous ferez le contraire dans l'hypothèse inverse. Le fait que l'essentiel se joue au moment de la négociation du protocole est bien connu des médecins et des chercheurs qui participent aux études cliniques. Tout se joue au début.

Les études cliniques constituent une formidable leçon de modestie, car elles sont la preuve permanente que la biologie ne nous permet jamais de savoir immédiatement si une substance a ou non une efficacité thérapeutique. Quelle que soit son origine (une plante, une série composée de molécules chimiques que les chercheurs ont appris à modifier légèrement au fil du temps, une molécule construite de manière dite rationnelle par similitude avec une protéine), l'épreuve contre placebo reste le point de passage obligatoire. Cela va nous obliger à mettre en discussion le statut de ce que nous appelons biologie. Une véritable révolution thérapeutique aura lieu lorsque l'on pourra se débarrasser de cette méthode d'étude, lorsque nos connaissances biologiques nous donneront le droit de savoir si un médicament est efficace sans ce type de test. Rien dans les progrès actuels de la médecine et de la biologie ne nous rapproche de ce moment.

On peut aussi se demander si les études cliniques contre placebo sont une méthode universelle permettant de faire le tri entre le bon grain et l'ivraie dans toutes les médecines dites parallèles. La proposition « soumettez vos remèdes à l'épreuve des études cliniques » ne va pourtant pas de soi. Il faut accepter les deux conditions qui rendent possibles les études cliniques : des médicaments tous semblables et des patients qui sont désormais des cas également tous semblables entre eux. Ces deux conditions n'ont pas de sens pour de nombreuses pratiques thérapeutiques : les accepter peut provoquer leur autodestruction. Pour un homéopathe, par exemple, deux cas d'hypertension artérielle, semblables pour le médecin allopathe, méritent des traitements différents car sa médecine l'amène à introduire d'autres critères de différenciation que ceux qui sont utiles pour la médecine moderne. Il lui est impossible d'accepter que la formation d'un groupe de patients « souffrant d'hypertension artérielle » soit pertinente.

La proposition « faites des études cliniques contre placebo » a l'avantage de mettre la médecine occidentale moderne en position de gagner à tous les coups. Si le remède se révèle efficace dans une étude clinique, alors on peut le récupérer sans avoir à tenir compte de la médecine dont il est issu, car les études cliniques sont indifférentes à toute théorie biologique ou médicale : si un médicament homéopathique se montre efficace, on l'utilisera sans avoir besoin des médecins homéopathes ; si un remède chinois est efficace dans une étude clinique, il devient un médicament moderne, mais on n'a toujours aucun besoin des médecins chinois traditionnels et des connaissances qu'ils ont cultivées au cours des siècles. Proposer une étude clinique, c'est chercher à récupérer un traitement en éliminant ceux qui l'ont mis au point. Si, en revanche, le médicament ne se montre pas efficace dans ces études, alors la médecine moderne se voit confirmée dans sa différence d'avec les charlatans qu'elle peut disqualifier. À tous les coups, elle gagne !

Les études contre placebo et la mise en évidence d'un effet placebo ont donné à la médecine académique de nouvelles armes pour continuer la guerre contre les médecines non académiques. Désormais, la médecine est en situation de prétendre capter tout ce qui lui est utile dans les différents arts médicaux sans jamais avoir à prendre en compte leurs théories et accepter les contraintes qui les définissent. Le combat frontal contre l'exercice illégal de la médecine laisse place à une attitude plus tolérante qui n'est qu'une autre manière, moderne, de poursuivre la guerre.

Mais l'effet placebo est beaucoup plus intéressant si on le considère comme l'indice de ce que nous ignorons, comme un témoin de la possibilité de guérir pour des raisons que nous ne sommes pas capables de contrôler et de reproduire à volonté. L'effet placebo peut être minimisé ou maximisé dans certaines circonstances. En tout état de cause, on ne peut pas en rendre compte avec la méthodologie des études cliniques, puisqu'il en constitue une limite : il nous est impossible de mesurer l'effet placebo faute de référence qui ne soit pas elle-même placebo. Il devient logiquement impossible de l'utiliser comme un outil de conquête ou de disqualification. À chaque fois que nous avons envie de parler d'effet placebo pour caractériser une médecine différente de la médecine académique, nous devons nous mordre la langue et apprendre à employer d'autres mots, par exemple ceux d'« influence qui guérit ». Voilà une bonne manière d'être fidèle à l'effort de modestie des réformateurs thérapeutiques à l'origine de l'invention des études cliniques.

En gardant en tête ce souci de modestie, essayons de comprendre la singularité de ce que nous avons inventé sous le nom de médecine scientifique en mettant au point la procédure des études cliniques contre placebo.

Les leçons des études cliniques contre placebo

Première leçon : un médicament moderne est toujours l'avant-dernier

La procédure des études cliniques crée des liens nouveaux entre différents médicaments. Désormais, on peut les comparer entre eux. Le meilleur devient un médicament dit de référence auquel tout nouveau candidat médicament devra se comparer. Les médicaments ont désormais un cycle de vie et ils font partie d'une histoire. Un médicament moderne a toujours un successeur. Il est toujours l'avant-dernier. La mise sur le marché de la chlorpromazine en 1952 ouvre cette possibilité en psychiatrie, sur le modèle de ce qui se passe au même moment dans les autres secteurs de la médecine. Cela n'existait pas avant l'invention de cette procédure.

Deuxième leçon : on teste tout autant le groupe de patients que le candidat médicament

Le candidat médicament est soumis à une série d'épreuves dont il n'est jamais sûr de sortir vainqueur. Mais arrêtons-nous un instant sur le sens du mot « épreuve ». Une épreuve n'est jamais unilatérale : elle suppose l'affrontement organisé de deux forces. D'un côté, il y a évidemment la molécule, mais, de l'autre, il y a les patients répartis entre deux groupes. Pour constituer les groupes de patients, il faut réaliser des opérations aussi complexes que celles qui permettent de créer et proposer une molécule comme candidat médicament.

Tous les chercheurs seront ici d'accord avec moi. Il suffit d'écouter la rumeur qui enfle dans un laboratoire pharmaceutique quand un essai clinique se révèle infructueux et que la molécule ne montre pas de supériorité. Cette situation est relativement fréquente, même s'il vaut mieux qu'elle se produise au cours des premières phases. Cela coûte moins cher au laboratoire s'il doit se résoudre à abandonner. Mais que disent et font les responsables de ces études cliniques ? Contrairement à ce que nous pourrions croire, ils ne commencent pas par douter de l'efficacité de la molécule. Ils ne mettent pas en cause son action thérapeutique. Ils s'interrogent sur la manière dont les groupes de patients ont été formés. Le laboratoire s'intéresse aux groupes des patients : à partir de la diversité spontanée des patients, a-t-on bien constitué la typologie du cas, condition de toute étude efficace ou a-t-on recruté des patients sur des critères non satisfaisants ? A-t-on bien défini le protocole de l'étude ?

Dans toutes les pathologies, il faut de nombreuses années pour que l'on apprenne à constituer des groupes de patients cohérents face aux candidats médicaments. Quand un échec survient, cela peut encore être dû à notre incapacité à bien poser un diagnostic. Il arrive ainsi que le candidat médicament aide à subdiviser une catégorie diagnostique que l'on pensait jusque-là unique : il n'est efficace que dans certains cas qui méritent désormais d'être classés à part, surtout quand on peut, ensuite, trouver un fondement physiologique cohérent qui fonde et stabilise la nouvelle différence.

*Troisième leçon :
la solidité des outils de diagnostic détermine
celle des groupes de patients*

Pour bien recruter les patients, il faut disposer d'outils de diagnostic fiables. La mise au point des outils de diagnostic représente, à côté des médicaments, le second front sur lequel on peut dire que la médecine progresse, car elle rend possible la constitution de groupes de patients homogènes : ils sont indispensables pour que les patients recrutés pour l'étude soient bien des personnes atteintes du même mal. Ces outils diagnostiques permettent aussi de mesurer le degré de gravité de l'affection.

De ce point de vue, l'idéal est représenté par l'identification et l'isolement d'un « témoin fiable », comme peut l'être un germe dans une infection. Un témoin diagnostique fiable donne *la possibilité de porter un diagnostic sans rencontrer le patient*, par exemple à partir d'examens de laboratoires comme c'est le cas dans les pathologies infectieuses. Dans d'autres cas, les médecins mesurent des constantes biologiques dans les meilleures conditions possibles pour les comparer à des moyennes représentant la normalité. Nous reviendrons plus loin en détail sur cette notion de témoin fiable.

Quatrième leçon : les essais cliniques ne sont pas des études en laboratoire ; ils ont lieu dans la vie réelle

Relisons maintenant la description que nous venons de faire des quatre phases qui constituent les études cliniques et remarquons l'augmentation progressive de la taille des groupes de patients. Les chercheurs commencent avec quelques personnes et ils terminent avec des milliers, voire des dizaines de milliers, de patients. Ils apprennent à constituer des groupes solides et à vérifier, en les faisant croître, qu'ils tiennent toujours bon dans les épreuves, au-delà des impressions des uns et des autres.

Les études cliniques ne peuvent pas être seulement considérées comme des études menées dans l'univers clos, et à l'écart de la société, que constitue un laboratoire scientifique défini de manière classique. Dans le même temps où ces études nous donnent des informations qui sont recueillies et traitées avec des protocoles d'un laboratoire, ils *installent* dans la vie réelle la pathologie, telle qu'elle a été définie par les critères de recrutement des patients, en compagnie (indissociable) de son nouveau traitement. Les études cliniques sont directement branchées sur la vie et la société. Elles ne permettent pas de distinguer entre une phase d'expérimentation qui aurait lieu dans un milieu restreint, artificiel, et une phase d'application qui aurait lieu dans la vie réelle. L'application commence et s'étend de plus en plus sûrement et massivement en même temps que l'expérimentation a lieu. Au bout du compte, c'est le lancement et le marketing même du médicament qui s'identifient avec la phase IV dans laquelle des centaines de milliers de patients se trouvent alors mobilisés.

Cinquième leçon : il n'existe pas de témoins fiables en psychiatrie

Nous pouvons maintenant revenir à la question des troubles mentaux. Les groupes de patients définis par un trouble mental n'ont, dans leur affrontement avec la molécule qui les saisit pour les définir, aucun secours venant d'un diagnostic incontestable qui leur permettrait de résister à une redéfinition sans bornes.

Il faut ici comparer la pratique psychiatrique aux pratiques médicales en général. Dans toutes les pathologies, l'idéal de la médecine est la mise en évidence d'une cause nécessaire et suffisante et pas seulement d'une corrélation. Une cause, du type virus, sera retrouvée dans tous les cas de la maladie, pourra être isolée, mise en culture, injectée à un animal qui contractera la maladie. L'agent causal pourra alors être retrouvé dans l'animal malade. Ce sont ces quatre qualités (appelées postulats de Koch en référence au microbiologiste allemand du XIXe siècle) qui donnent à l'agent causal sa première définition d'agent infectieux. Aucun *témoin diagnostique fiable*, ni au sens fort d'une cause ni au sens plus faible d'une corrélation, n'a pu être mis en évidence, ni dans la schizophrénie, ni dans les différentes formes de dépression, ni dans les phobies sociales, ni dans les autres troubles mentaux, qui témoignerait d'une vraie découverte sur la cause biologique d'un trouble mental. Les outils de diagnostic qui existent en psychiatrie sont tous fondés sur l'interrogatoire et l'observation des patients, jamais sur la mise en évidence d'un témoin biologique fiable.

Les chercheurs peuvent et doivent, en recherche psychiatrique, faire varier les caractéristiques du groupe des patients, ce qu'on appelle les critères d'inclusion, jusqu'à ce que ce groupe « réponde » de manière satisfaisante à la molécule candidate. Il n'existe pas de témoin fiable servant à poser le diagnostic et imposant des frontières précises dans la manière de constituer les groupes de patients.

On peut dire une chose absolument étonnante : le médicament est lui-même son propre témoin fiable. Dès que ce fil a été saisi, toute l'histoire devient compréhensible. Ainsi, en passant d'une classe chimique d'antidépresseurs à une autre, les chercheurs et les médecins ont modifié les critères de recrutement des patients. Les tricycliques (appelés ainsi à cause de la forme de leur molécule), les IMAO (inhibiteurs de la mono-amine oxydase) et les ISRS (inhibiteurs de la recapture de la sérotonine) qui constituent les trois grandes familles d'antidépresseurs ont des effets opposés sur l'appétit et sur le sommeil. Les chercheurs ne peuvent donc pas prendre en compte ces items de la même manière selon l'appartenance chimique de la molécule qu'ils veulent tester. Dans un cas, le rétablissement de l'appétit et celui du sommeil sont des signes d'évolution positive vers la guérison, dans l'autre non. Ils ne peuvent pas utiliser les mêmes échelles pour juger l'efficacité de ces différents produits.

Les territoires définis par les antidépresseurs ont évolué en même temps qu'eux. Désormais, l'action différente des antidépresseurs permet de distinguer des dépressifs qui ont plutôt besoin d'être stimulés et des dépressifs qui ont plutôt besoin d'être tranquillisés, des dépressifs anxieux et des dépressifs agressifs ou totalement inhibés, etc.

Les nouveaux antidépresseurs appartenant à la famille des inhibiteurs sélectifs de la recapture de la sérotonine, comme le Prozac®, ont, de manière spectaculaire, fait évoluer récemment ce territoire. Les patients qui prennent des ISRS n'ont pas le profil de ceux qui souffrent d'une dépression majeure. Ils ne sont pas tourmentés par l'idée de la mort. Ils ne pleurent pas fréquemment. Ils n'ont pas le sentiment de culpabilité. Ils ne sont pas fatigués et n'ont pas de difficultés particulières pour se concentrer. Ils n'ont pas non plus de troubles du sommeil et de l'appétit. En revanche, ils ont des comportements compulsifs et anxieux, ont peu d'estime d'eux-mêmes. Ils se sentent « vides », avec un léger sentiment de tristesse. Ils ont l'impression que leur vie n'a pas de but.

En psychiatrie, l'épreuve des études cliniques est seulement une épreuve de force où la notion de diagnostic s'élabore et se précise en même temps et par la même procédure que s'élabore et se précise le médicament qui sera efficace dans ce trouble en pleine définition. En psychiatrie, le médicament joue donc deux rôles à la fois : celui de thérapeutique mais aussi celui du témoin fiable absent, c'est-à-dire d'objet capable de montrer que le groupe des patients « tient » pour de bonnes raisons.

Sixième leçon :
rien ne fait contrepoids aux psychotropes

Un patient peut toujours avoir une bonne raison de vouloir prendre un psychotrope. En psychiatrie, l'équilibre de la terreur qui existe entre les antibiotiques d'un côté et les germes de l'autre, n'existe pas. Les psychotropes ont le pouvoir de saisir des patients de plus en plus nombreux parce que le trouble se définit tendanciellement comme ce sur quoi ils agissent.

Les quatrième et cinquième leçons, mises ensemble, ont quelque chose de redoutable : il n'existe pas d'outils diagnostiques qui soient aussi puissants que les psychotropes et qui puissent donc venir limiter cette puissance, alors même qu'on ne se contente pas de les tester en laboratoire, mais que l'expérimentation a lieu dans la chair vive de la société pour recruter toujours plus massivement des êtres humains. Leur capacité même à montrer qu'ils ont, dès les études cliniques, réussi à faire tenir un groupe de patients de taille importante, est la preuve de leur efficacité.

Il y a là une nouvelle clef pour comprendre comment la proposition qui est faite aux membres de la société sous la forme d'un « package » regroupant la dépression et la manière de la soigner, peut déraper et prendre la forme d'une épidémie. Mais il nous faut encore approfondir la question du témoin fiable et essayer de savoir en quoi ce système, qui semble autoréférencé et permettre donc tous les dérapages, peut intéresser les acteurs de la biologie et peut-être même définir leur travail.

5

Les chercheurs maîtrisent-ils les antidépresseurs ?

Avant de pouvoir comprendre ce qui se passe sur le « marché » de la dépression, il nous faut approfondir encore la manière dont nous « formatons » ces marchandises particulières que sont les psychotropes.

D'où viennent les candidats médicaments qui font l'objet d'études cliniques ? L'industrie pharmaceutique a peuplé ses centres de recherche préclinique de chercheurs de toutes les spécialités. Leur vocation est d'alimenter le pipe-line des études cliniques avec des candidats médicaments protégés par un brevet.

Les tests précliniques

Avant les premières études cliniques, les molécules sont soumises à des expérimentations sur des cellules, sur des organes en culture et sur des animaux entiers. Les organes et les cellules mis en culture peuvent provenir d'animaux de laboratoire ou avoir été prélevés sur des êtres humains décédés par exemple au cours d'accidents de la route. Ainsi, pour mettre au point des médicaments contre les maladies de la prostate, les chercheurs ont besoin de prostates humaines qui leur sont fournies par des associations de médecins urologues. Pour décrire cette phase de l'invention, il faut employer une formule plus générale que celle d'essais sur l'animal : les chercheurs parlent d'essais « précliniques ». Cette formule a l'avantage de rattacher ces expérimentations à la clinique, d'insister sur leur nature d'étapes préparatoires, jamais décisives en elles-mêmes, alors qu'elles sont de plus en plus diverses et impressionnantes, utilisant tous les nouveaux outils de la biologie moléculaire. Les chercheurs sélectionnent de cette manière les molécules les plus prometteuses.

Ces tests précliniques sont souvent originaux et constituent le savoir-faire propre des équipes de chercheurs, qu'elles préservent jalousement. De nombreux dirigeants de l'industrie pharmaceutique gardent d'ailleurs secrets les tests mis au point par leurs chercheurs, surtout quand ils sont efficaces, car ils constituent une partie essentielle de la richesse et de la singularité de leur entreprise. Les directions interdisent même aux chercheurs de publier leurs résultats dans les grandes revues scientifiques, afin de ne rien dévoiler qui puisse mettre les concurrents sur la piste ou devenir un obstacle au dépôt d'un brevet. Quand ils publient, ils doivent utiliser mille précautions et mille ruses pour rendre leurs travaux difficiles à reproduire avec la même méthodologie expérimentale, rarement exposée de manière complète.

La seule chose que l'on demande à ces expérimentations en laboratoire est de *prévoir* ce qui se passera au cours des études cliniques chez l'homme. L'extraordinaire multiplicité des expérimentations réalisées doit permettre de rassembler le maximum d'indices sur l'efficacité et la toxicité du candidat médicament : le caractère prédictif des tests précliniques est déterminé empiriquement, à partir des multiples expériences, de l'accumulation des déceptions et des succès passés. Les chercheurs des phases précliniques ont donc toujours un œil sur les études cliniques ultérieures menées chez l'homme. Ils ne contrôlent pas cet endroit mais en sont seulement les invités extérieurs, les observateurs émus et tremblants : la qualité de leurs travaux qui ont duré de longues années et mobilisé d'importants moyens financiers y est impitoyablement jugée.

Si les études cliniques sont concluantes, ce n'est pas seulement le candidat médicament qui en sort grandi, mais tous les protocoles des expérimentations précliniques qui avaient pu être inventés ou plus modestement modifiés, adaptés, affinés. À l'inverse, l'échec répété de candidats médicaments à franchir victorieusement l'étape des études cliniques chez l'homme oblige à interroger la pertinence des tests précliniques pour sélectionner des molécules. Ces deux phases de l'invention du médicament moderne croisent en permanence leurs résultats, mais les études cliniques dominent et déterminent tout le processus, alors que le parcours pris dans l'ordre chronologique laisse croire l'inverse. Les études cliniques tranchent toujours la question de savoir si on a bien inventé un médicament moderne digne de ce nom. Aussi complètes et intéressantes que puissent être les expérimentations réalisées en amont, elles ne prouvent jamais rien de définitif. Les pouvoirs publics le savent bien, qui interdisent d'en utiliser les résultats dans la promotion d'un médicament s'ils n'ont pas été confirmés au cours d'études cliniques en bonne et due forme.

Apprendre à « transporter » la pathologie

Mais comment les chercheurs inventent-ils et renouvellent-ils les expérimentations de préclinique ? *A priori*, le plus simple est de les concevoir en trouvant un moyen de reproduire la pathologie humaine que l'on veut soigner. Comment cette reproduction est-elle possible ? Il faut organiser un transport de la pathologie, ou de certains de ses éléments, de l'aval vers l'amont, c'est-à-dire des êtres humains souffrant vers le monde des animaux de laboratoire, celui des organes et des cellules en culture. Il faut, un instant, considérer que l'être humain vivant n'est que la reproduction, à une grande échelle, de ce qui se passe avec une culture de cellules.

Le cas le plus évident, devenu un modèle que les chercheurs tentent toujours de reproduire, est celui des maladies infectieuses.

Un germe peut vraiment être extrait du corps humain, identifié, mesuré et, enfin, transporté lors de procédures que l'on apprend ensuite à standardiser et à automatiser. Cette extraction du corps humain permet aux chercheurs de créer des modèles animaux ou de mettre en culture des cellules infectées. Ils doivent repérer des espèces animales qui soient sensibles aux mêmes germes que ceux qu'il s'agit de combattre chez les patients. L'idéal prédictif trouve ici sa voie royale. Mais cette tâche, on le sait de manière spectaculaire avec le cas du virus HIV pour le sida, peut se révéler extrêmement difficile, la plupart des espèces animales étant, du fait de la nature de leur système immunitaire, indifférentes à de nombreux germes pathogènes chez les êtres humains.

Dans d'autres types de pathologies, comme le diabète, le cholestérol, l'hypertension artérielle et même le cancer, les chercheurs doivent réussir à rendre des animaux malades. Aucune de ces expérimentations sur animaux ne prétend être un « modèle » tant que des croisements successifs avec les études cliniques chez l'homme, par le biais des candidats médicaments, ne montrent leur pertinence, c'est-à-dire leur caractère prédictif. Les études cliniques chez l'homme et les essais précliniques progressent donc de front depuis cinquante ans, organisant la circulation de morceaux ou d'extraits du corps humain malade.

Mais cette stratégie de transport de témoin, en vue d'une sorte de reconstitution, n'est pas seulement utile pour créer des modèles expérimentaux des maladies humaines, elle est aussi la voie royale pour inventer des outils fiables de diagnostic. Le médecin peut ainsi poser un diagnostic chez les patients à partir d'une prise de sang ou d'une analyse d'urine, car on sait comment isoler et cultiver le témoin de la maladie. Ce « témoin fiable » permet de constituer des groupes de patients semblables, étape indispensable à la réalisation d'études cliniques.

Ce qui fait la grandeur de la médecine moderne se retrouve donc, deux fois : une première fois avec la mise au point de modèles précliniques sur des animaux ou des organes et des cellules en culture, une seconde fois avec la mise au point de procédures de diagnostic. Des « témoins fiables » semblables, identifiables, que l'on peut stabiliser en laboratoire, sont au croisement de ces deux types de pratiques. Ainsi, les outils de diagnostic donnent à la médecine les moyens de contrebalancer les mauvais usages thérapeutiques. Si des antibiotiques sont prescrits dans des infections où ils n'ont aucune utilité, c'est que le médecin n'a pas utilisé les outils de diagnostic disponibles pour identifier précisément les germes en cause. La médecine moderne trouve sa grandeur dans cet équilibre permanent entre outils diagnostiques et outils thérapeutiques qui ont un point commun : le témoin fiable qui a présidé à leur mise au point respective.

Un médecin n'a pas besoin de rencontrer un patient pour lui prescrire un test diagnostique HIV, et poser le diagnostique de sida ; il peut même, en théorie, décider de la nature du traitement (faut-il s'abstenir, prescrire une bi ou une trithérapie ?) à la seule lecture des résultats. Pour bien faire son travail, il doit détourner son regard du patient.

Mais qu'en est-il avec les psychotropes et les troubles mentaux ?

L'absence de témoin fiable et de signature

En psychiatrie, que peut-on transporter ? Il n'existe pas, on l'a vu, de diagnostic possible d'un trouble mental (de la dépression à la schizophrénie) sans le contact direct avec le patient, contrairement à l'idéal de la médecine scientifique. Médecins et chercheurs ne « transportent » rien au sens pratique et réel du terme : toutes les tentatives pour trouver des marqueurs biologiques ont échoué en psychiatrie. Dès qu'un marqueur sera trouvé dans une pathologie identifiée jusque-là comme psychiatrique, elle quittera le champ de la psychiatrie pour intégrer une autre spécialité médicale. Si on découvre un virus à l'origine de la schizophrénie, elle sera reclassée comme maladie infectieuse. Si on découvre une anomalie dans le cerveau, elle sera alors une maladie neurologique, etc.

L'absence de marqueur participe de la définition de la psychiatrie. Il y a bien sûr des travaux sur le cerveau des schizophrènes pour trouver une spécificité par rapport à des cerveaux de personnes saines ; des chercheurs utilisent, par exemple, la caméra à positons afin de repérer des concentrations inhabituelles de récepteurs cellulaires dans certaines zones du cerveau chez les personnes souffrant d'un tel trouble mental. Mais ces expérimentations ne sont pas décisives : aucun chercheur ou médecin ne peut poser le diagnostic de schizophrénie ou de dépression, en aveugle, sur une population prise au hasard à partir de ce type de repérage. Le diagnostic psychiatrique reste extraordinairement fruste.

Il n'existe même pas de signature simple qui permette par exemple de faire un diagnostic de schizophrénie ou de dépression en étant sûr de ne pas se tromper. Celui-ci n'est posé qu'à la suite d'un interrogatoire assez long du patient et la collecte d'une série d'indices (symptômes, comportements, idées) considérés comme significatifs en qualité, en durée et en nombre. Mais nous savons qu'il n'y a jamais 100 % de cliniciens d'accord entre eux au moment de poser le diagnostic face au même patient. Certains troubles autrefois diagnostiqués comme relevant de la schizophrénie sont plutôt classés dans les dépressions graves aujourd'hui. Rien ne départage les diagnostics de manière indiscutable. Il faut rapporter les différents signes à une grille mise au point par consensus d'experts et donc modifiée régulièrement.

La plus connue, on l'a vu, a été mise au point par les psychiatres américains sous le nom de *DSM*. Il existe de nombreux débats autour du *DSM* et des différents outils standardisés de diagnostic. Ce qui nous intéresse ici, c'est que la manière de faire le diagnostic, à la différence des maladies infectieuses, ne permet pas un transport d'informations objectivées du monde de la souffrance humaine vers celui des animaux, des cellules et organes en culture.

Cette constatation de bon sens devrait nous laisser perplexes : comment l'invention des psychotropes est-elle possible dans un tel environnement ? Comment mettre au point des psychotropes qui soient des médicaments modernes si la voie du transport de phénomènes objectivés est fermée ? C'est là que toute l'inventivité des chercheurs s'est déployée et est arrivée à une solution d'une incroyable originalité, même si elle n'a pas été perçue et décrite comme elle le mérite. On peut le comprendre : personne ne souhaite sans doute mettre l'accent sur l'originalité du champ psychiatrique, qui le distingue du reste de la médecine au moment même où on veut définitivement intégrer les maladies de l'âme à la médecine.

L'invention d'un modèle de recherche original

Alors même qu'il n'y a pas de témoins fiables des différents troubles psychiatriques, on invente en permanence de nouveaux psychotropes. Depuis quelques années, les plus grands laboratoires pharmaceutiques au monde ont multiplié les nouvelles molécules candidates au titre de neuroleptique ou d'antidépresseur (et dans une moindre mesure d'anxiolytique). On a vu que les médecins disposent aujourd'hui de trois grandes familles d'antidépresseurs : les tricycliques, les IMAO (inhibiteurs de la monoamine-oxydase) et les ISRS (inhibiteurs sélectifs de la recapture de la sérotonine). Comment ont-ils été découverts et mis au point ?

Les antidépresseurs sont issus des recherches qui ont suivi la découverte, en 1952, des qualités intéressantes de la chlorpromazine pour soulager les patients schizophrènes. Je dois revenir sur cet épisode pour que l'on puisse comprendre ce qui caractérise l'ensemble des psychotropes et en particulier les antidépresseurs. C'est en effet ce qui s'est passé avec les neuroleptiques qui a donné naissance au modèle de recherche qui va triompher avec les antidépresseurs. Rarement un épisode de notre histoire a coïncidé aussi étroitement avec le début d'une inventivité qui ne s'est pas démentie pendant cinquante ans.

1952 n'est pas une date symbolique, mais le début d'une nouvelle étape dans l'histoire de la psychiatrie. À partir du moment où la psychiatrie dispose du premier neuroleptique, elle a le moyen d'être, comme les autres secteurs de la médecine, une discipline internationale à vocation universelle. L'Association mondiale de psychiatrie est créée. Des congrès internationaux commencent à se succéder de plus en plus rapidement, chose impensable avant l'ère des médicaments modernes. Les neuroleptiques, puis l'ensemble des psychotropes, forment le soubassement technique, idéologique et économique de tels événements. Tous les psychotropes se rattachent d'une manière ou d'une autre à cet acte de naissance.

Ce qui s'est passé n'est pas toujours facile à saisir car une polémique a éclaté entre les protagonistes de l'époque pour savoir qui a eu raison le premier. Henri Laborit, chirurgien original et franc-tireur à l'esprit contestataire et les très sérieux et très académiques Jean Delay et Pierre Deniker, représentants de toute la tradition impérieuse de la psychiatrie française de l'hôpital Sainte-Anne à Paris, n'ont jamais voulu reconnaître leurs mérites respectifs. Ce débat assez malsain a laissé dans l'ombre d'autres acteurs importants, et en premier lieu l'équipe des chimistes et des pharmacologues de Rhône-Poulenc.

Le premier neuroleptique, la chlorpromazine, appartient à une vieille lignée chimique issue de colorants, les phénothiazines, qui ont été commercialisées dans les indications les plus diverses, essentiellement antiallergiques (ce sont des antihistaminiques) et antiparasitaires (en médecine vétérinaire). Laborit a été le premier à utiliser un dérivé des phénothiazines en prémédication anesthésique. Il a alerté ses amis chimistes et pharmacologues de Rhône-Poulenc sur les qualités du produit : il mettait les patients dans un état psychologique d'indifférence, supprimant toute agitation et toute anxiété. Les chercheurs de Rhône-Poulenc ont alors confié la molécule à Delay et Deniker pour qu'ils la testent sur des patients de leur service à l'hôpital psychiatrique Sainte-Anne. La chlorpromazine a spectaculairement agi sur les patients considérés comme schizophrènes : elle les a calmés et a supprimé leurs angoisses qui étaient jusque-là incoercibles. Les chercheurs de Rhône-Poulenc ne se sont pas arrêtés là. Ils ont poursuivi leurs travaux *sur la même molécule.*

Les chercheurs se sont posé la question suivante : peut-on établir une correspondance entre les effets bénéfiques sur les patients schizophrènes et des effets particuliers observables chez des animaux de laboratoire auxquels on injecte le même composé ? Ils ont commencé à étudier chez des animaux de laboratoire *ordinaires* les modifications comportementales et somatiques induites par la chlorpromazine. Je dis bien « animaux de laboratoires ordinaires » et non pas animaux malades ou animaux rendus malades. C'est là que repose toute la différence avec le modèle habituel des tests précliniques. Voilà la solution originale trouvée à l'absence de témoins fiables en psychiatrie : ne jamais essayer de rendre les animaux de laboratoire malades comme le sont des êtres humains atteints d'un trouble mental. Ne jamais essayer de transporter la pathologie, mais transporter les effets de molécules dont on a constaté, par hasard, l'efficacité chez les patients.

Une fois ces effets bien identifiés, les chercheurs de Rhône-Poulenc vont en faire le modèle d'action permettant de repérer d'autres molécules bénéfiques chez les patients schizophrènes. Dès ce moment, les chercheurs de Rhône-Poulenc, suivis rapidement par les équipes de recherche des autres laboratoires, cherchent des successeurs à la chlorpromazine. Ils ne considèrent pas avoir trouvé « le » traitement de la schizophrénie, mais ils se lancent dans une course, de plus en plus effrénée, pour sélectionner de nouvelles molécules candidates au titre de médicaments psychotropes. Ils inventent une machine étrange qui ne s'arrêtera plus de fonctionner.

Cette machine est étrange car elle fonctionne en ne s'intéressant jamais à la nature biologique des troubles dont souffrent les patients. Si elle le faisait, elle ne fonctionnerait plus. Dans cette perspective, les tests doivent être facilement reproductibles avec peu d'appareillage technique et avec des animaux largement disponibles, comme les chiens et les rats. Dans un premier temps, les chercheurs étudient des molécules qui, comme la chlorpromazine, potentialisent l'effet d'autres substances (par exemple le test d'antagonisme vis-à-vis de la réserpine ou vis-à-vis des vomissements induits par l'apomorphine chez le chien). Mais les tests peuvent aussi être comportementaux : on cherche des molécules qui modifient le comportement de rats préalablement dressés à monter par une corde jusqu'à une plate-forme sur laquelle a été disposée leur nourriture. On calcule le temps pendant lequel une souris reste accrochée à une tige horizontale qui tourne, etc.

Toutes les molécules dont dispose l'industrie pharmaceutique de l'époque sont testées à partir des effets repérés grâce à la chlorpromazine. Répétons-le : les chercheurs n'ont donc jamais cherché à obtenir des rats ou des souris schizophrènes. Ils ont seulement mis en œuvre l'idée de « prédictivité » : si une molécule quelconque avait le pouvoir d'induire chez des animaux normaux le même type d'effets comportementaux et somatiques que la chlorpromazine, cela permettait d'espérer une activité antipsychotique chez des patients schizophrènes.

Les chercheurs ont donc réussi à créer un modèle animal sans pour autant disposer d'un témoin fiable qui puisse être transporté depuis le monde des patients vers les recherches en amont sur les animaux de laboratoire. Les pharmacologues sont conscients de cette astuce qui leur permet de créer des modèles animaux d'un type très particulier, qui va prendre le nom de modèle « pharmaco-induit ».

Accumulant de l'expérience et mettant à leur profit toutes les ressources des nouvelles technologies d'étude biologique mises au point avec d'autres desseins par des universitaires, les pharmacologues multiplient et diversifient les tests. On passe des tests comportementaux à des tests sur l'activité de cellules en culture. Comment les neuroleptiques et les antidépresseurs modifient-ils l'activité des cellules neuronales ? Quelles substances activent-ils ou freinent-ils dans les différentes parties du cerveau ? Les tests deviennent batterie de tests, mais le principe reste toujours le même : ne jamais chercher à reproduire la pathologie humaine chez les animaux de laboratoire (objectif illusoire), mais prendre comme point de départ l'activité des molécules précédemment identifiées.

On commence ainsi à s'intéresser aux petites différences permettant des dérives sources de nouveauté clinique : une molécule reproduit 80 % des effets de la chlorpromazine dans les tests, mais est très différente dans 20 % des cas ; c'est la possibilité d'observer des effets légèrement différents au cours des études cliniques. On espère observer moins d'effets secondaires. Peu à peu, une cartographie générale devient possible, qui met en rapport les tests les plus divers et l'action sur les patients.

La « petite biologie »

Rien ne semble limiter l'inventivité du modèle alors qu'il est indépendant de toute création de témoins fiables. De fait, aucun progrès n'a été fait dans cette direction, alors que nous croulons sous la proposition de nouveaux psychotropes qui franchissent l'épreuve des études cliniques chez les patients. Et c'est là qu'un renversement essentiel a eu lieu : les témoins fiables sont devenus inutiles. Les chercheurs ont réussi à s'affranchir d'une méthodologie fondée sur le transport de témoins, tout en continuant à la mimer. Que reste-t-il dans ce cas de la prétention de la psychiatrie moderne à être biologique ?

La biologie psychiatrique qui accompagne ce processus est essentiellement une biologie des récepteurs biochimiques dans le cerveau : elle fournit des explications sur le mode d'action des psychotropes, elle aide à en sélectionner de nouveaux parmi les molécules disponibles dans les chimiothèques de l'industrie pharmaceutique, mais elle ne peut jamais prétendre donner une explication causale des troubles mentaux. Cela ne mérite pas le nom de biologie. Nous proposerons d'appeler cet ensemble de techniques *petite biologie*. Nous reviendrons en détail sur cette question dans le chapitre 9.

Les chercheurs de l'industrie pharmaceutique imposent ainsi peu à peu leur petite biologie. Elle n'a pas beaucoup d'utilité en dehors de leurs laboratoires, sa seule ambition est de perfectionner et d'affiner les outils de sélection de nouveaux psychotropes qui sont toujours les avant-derniers. Nous pouvons même penser que la découverte de témoins fiables n'est plus souhaitable pour les inventeurs de médicaments psychotropes. Celle-ci viendrait en effet mettre un terme à une pratique et à une expérimentation qui ont l'avantage de pouvoir errer du normal au franchement pathologique, d'explorer des territoires de comportements et d'émotions qui ne sont pas encore médicalisés, de participer à la redéfinition permanente des frontières des troubles mentaux au profit de la médecine et de la pharmacie. C'est toute la psychiatrie qui fonctionne désormais à ce rythme.

Cette procédure pousse à son triomphe le fait qu'un médicament moderne est toujours l'avant-dernier. Il en précède toujours un autre plus efficace, plus maniable, moins toxique. La « petite biologie » se pare volontiers des atours de la biologie tout court, alors que ses ambitions sont limitées à la mise au point de nouveaux avant-derniers médicaments. La petite biologie crée des mécanismes de répétition ; elle vient nourrir l'épidémie de dépression. La petite biologie rend possibles l'émergence et la consolidation de nouveaux marchés en captant des problèmes définis auparavant comme étant psychologiques. Du point de vue du capitalisme et de son impératif d'un renouvellement permanent des moyens de production et des marchandises produites, les psychotropes représentent le secteur le plus moderne de la médecine car il n'a pas de fin.

6

Psychisme ou « corps mental » ?

Une nouvelle psychiatrie

Après la Seconde Guerre mondiale, la psychiatrie connaît une intense agitation. Comment inverser une tendance qui amène à hospitaliser de plus en plus de patients ? Comment limiter le système d'enfermement qui coûte de plus en plus cher et qui, non seulement, n'a aucune efficacité thérapeutique, mais détruit les patients ? Les remises en cause se font pressantes, sous l'aiguillon des pouvoirs publics inquiets et des grandes institutions de recherche américaines comme la Fondation Rockefeller. La psychiatrie tente une percée volontariste sur deux fronts : celui de la psychochirurgie avec les lobotomies et celui de la psychologie avec les psychothérapies d'inspiration analytique.

Mais, comme on l'a vu, une troisième voie s'ouvre, presque par surprise, en 1952 avec le premier neuroleptique : l'avenir de la psychiatrie ne passe ni par sa « chirurgicalisation » ni par sa « psychologisation ». Il sera médical. La chlorpromazine arrime solidement la psychiatrie à la médecine. Elle devient une spécialité médicale parmi les autres. En rejoignant le courant qui emporte alors la médecine vers de nouveaux horizons, la psychiatrie va vivre au rythme de la pharmacie. Désormais, en psychiatrie comme dans le reste de la médecine, les médecins et les patients attendent l'essentiel des progrès de la mise au point de nouveaux médicaments. Ce choix consolide la psychiatrie à court terme, déstabilise tous les projets de psychothérapie institutionnelle et amène à renoncer aux lobotomies. Cela n'est pas trop grave pour la psychanalyse tant que les médicaments du cerveau sont seulement des neuroleptiques qui ne soignent que des schizophrènes auxquels elle s'intéresse peu. Mais cela va la plonger dans un état de panique quand les antidépresseurs vont devenir facilement utilisables par les médecins généralistes.

Les années qui suivent la mise au point du premier psychotrope moderne en 1952 sont donc très paradoxales : les psychiatres des hôpitaux disposent avec la chlorpromazine d'un premier médicament pour améliorer l'état des patients schizophrènes et leur tâche s'en trouve simplifiée de manière radicale ; mais, parallèlement, les troubles mentaux les moins graves, appelés névroses, sont traités par des psychothérapies d'inspiration psychanalytique horriblement compliquées. Moins le trouble mental est grave et plus le thérapeute doit être formé et spécialisé ! Cela ne pouvait pas durer.

La psychiatrie devient donc un secteur spécialisé de la médecine, ce qui va l'obliger à se transformer en profondeur. Elle ne peut plus cultiver sa spécificité, à la jonction entre la psychologie, la philosophie et un tout petit peu de médecine. Cela la tenait à une distance respectable et respectée du reste de la médecine. Elle ne peut plus désormais vivre dans l'isolement de ses débats ésotériques, mais doit multiplier les passerelles avec la biologie, la physiologie et la médecine : en devenant une spécialité médicale à part entière, elle assume de nouvelles responsabilités. La mobilisation de l'ensemble des médecins généralistes pour les convaincre de prendre en charge les troubles mentaux devient désormais possible. La psychiatrie va résister à cette dilution de sa spécificité, mais le mouvement devient inéluctable avec l'arrivée de nouvelles familles de psychotropes : les benzodiazépines pour les troubles de l'anxiété et du sommeil à la fin des années soixante puis les antidépresseurs d'utilisation facile, avec le Prozac® comme chef de file.

Une psychiatrie médicalisée repose sur d'autres fondements théoriques que la vieille psychiatrie. L'effet de l'arrivée des psychotropes sur la théorie psychiatrique est saisissant : plus rien ne reste en place ; les psychotropes ont tout autant transformé les psychiatres que les malades !

La chlorpromazine crée de nouvelles habitudes mentales chez les psychiatres dans l'abord de la schizophrénie, lesquelles pourront ensuite se généraliser à tous les troubles mentaux. Ces nouvelles habitudes mentales sont suffisamment simples pour devenir, le moment venu, des techniques généralisables et adoptables par les médecins généralistes. Par habitude mentale, j'entends une manière de questionner un patient, de poser un diagnostic et de le traiter, devenue tellement évidente que le médecin ne peut plus en imaginer d'autres.

Les techniques de prescription des psychotropes, que ce soit des neuroleptiques ou des antidépresseurs, obligent les médecins à détourner leur regard des causes psychiques des troubles mentaux et des contenus des récits des patients ou de leur entourage, au profit du repérage et du comptage de signes. Ces signes ont cette particularité de pouvoir être pris en compte indépendamment de l'expérience individuelle et de l'histoire du patient : là est le secret de la médicalisation des troubles mentaux. Un patient a-t-il des raisons à proposer pour expliquer sa dépression ou l'origine des voix qui le persécutent ? Cela n'a pas d'importance pour le médecin qui prescrit un neuroleptique ou un antidépresseur. Cela n'a pas d'influence sur le choix de la molécule et son dosage. Un patient vient de connaître un deuil éprouvant, un autre une expérience traumatisante dans son couple, un autre encore un licenciement abusif dont ses supérieurs hiérarchiques l'ont convaincu qu'il était seul responsable, un autre enfin apprend qu'il souffre d'une maladie extrêmement grave ? L'important est qu'au moment où le médecin le reçoit, il présente cinq des neuf signes qui caractérisent la dépression et justifient alors la prescription d'un antidépresseur.

« Corps mental » contre psychisme

Les psychotropes créent un nouveau partage dans les éléments constitutifs d'un trouble mental, délimitant la zone que le prescripteur doit prendre en compte et une zone de moindre importance dans laquelle on met tout ce que le patient raconte mais qui ne peut pas avoir d'influence sur la prescription. Les psychotropes obligent ainsi les médecins à créer une hiérarchie totalement nouvelle entre ce qui est intéressant dans l'expérience des patients et ce qui l'est peu, voire pas du tout. La psychiatrie se redéfinit et se réorganise autour de cette nouvelle structure de compréhension du monde des patients qui aura, par ailleurs, l'avantage d'être partageable avec les médecins généralistes.

Il existe désormais un nouvel espace public regroupant tout ce qui est intéressant dans l'écoute et l'observation d'un patient pour lui prescrire les psychotropes les plus adaptés, et une sorte d'espace privé que le patient garde pour lui, pour ses proches et, s'il en a envie, pour un psychothérapeute réduit au rôle d'accompagnateur. Ce nouvel espace public permet d'oublier les particularités de chaque cas individuel, de réaliser des agrégats de patients dont les chercheurs peuvent suivre l'évolution comme groupe avec des outils statistiques. Ce qui intéressait les psychanalystes est renvoyé à l'espace privé des patients.

Les patients trouvent beaucoup d'avantages à ce nouveau système qui fait des psychiatres autre chose que les mauvais héritiers des confesseurs et des prêtres. La nouvelle psychiatrie n'aurait pas triomphé aussi rapidement sans le consentement et l'adhésion muette des patients. Cette facilité de la conquête témoigne de la faiblesse de ce qui existait avant. Il est donc inutile de rêver d'un retour en arrière. Ce qui a tant plu dans le discours de la nouvelle psychiatrie et a fait accepter toutes ses prétentions, c'est qu'elle nous donne accès à un « corps mental » débarrassé du psychisme. Je donne le nom de corps mental à ce nouvel espace public constitué de toutes ces opérations de transformation avec lesquelles la psychiatrie médicale travaille : nouvelles délimitations entre normal et anormal définies par consensus ; comportements, émotions et pensées bizarres qui peuvent être mis en rapport et changés par absorption de substances chimiques.

Le corps mental permet de se passer du psychisme. Il a l'avantage de fournir un modèle dont le potentiel est considérable : il peut être adopté par les médecins généralistes et il peut s'étendre de manière universelle. Tous les êtres humains peuvent être dotés d'un corps mental sans avoir à renoncer à rien. La psychanalyse voulait aussi fournir des explications universelles, mais elle a toujours échoué à faire de l'inconscient, du complexe d'Œdipe, de ses théories sur les rêves, un ensemble pouvant s'imposer face aux autres systèmes d'explications. Elle oppose les causes qu'elle repère dans la survenue d'un trouble mental à d'autres causes possibles dans un combat sans fin. Les psychotropes et la nouvelle psychiatrie court-circuitent tout le monde (la psychanalyse comme les autres systèmes thérapeutiques), en renonçant aux causes et aux contenus. Ils rendent indifférents à tous les vieux enjeux qui étaient ceux des différents protagonistes.

Acquérir des habitudes mentales

Cette attribution d'un corps mental à un patient ne va pas de soi et doit être apprise. Avant de devenir évidentes, les habitudes mentales doivent être acquises. Cela se passe différemment pour le psychiatre et pour le médecin généraliste. Au début de sa carrière, le plus souvent au sein d'un service hospitalier, le jeune psychiatre passe des heures dans l'inquiétude et le doute avant de poser un diagnostic. Il consulte fréquemment les manuels universitaires à sa disposition, comme le *DSM*, pour poser le bon diagnostic. Son problème et son privilège sont que, même totalement inexpérimenté, il s'impose par un coup de force aux autres professionnels de la santé expérimentés (infirmiers, psychologues, travailleurs sociaux), car il a seul le droit de prescrire. Ses premières expériences sont difficiles. Un psychiatre est formé quand il peut faire l'économie de ce type d'outils et devient capable de poser un diagnostic dès le premier regard. Il se moque alors gentiment du *DSM* dont il n'a plus besoin.

Il n'y a plus de raisons pour que les psychiatres soient les seuls à apprendre à voir les dépressions comme une chose naturelle. Puisqu'il existe des traitements simples à prescrire et puisque c'est le corps mental qui est en jeu, les médecins généralistes doivent aussi acquérir la compétence qui permet de repérer les patients déprimés. Mais, contrairement à ce que l'on croit spontanément, la dépression est un trouble mental *invisible* à un médecin généraliste qui n'a pas été formé de manière spécifique pour le dépister. Nous sommes loin du diagnostic évident. Les études épidémiologiques donnent des résultats accablants : on rapporte dans les études officielles que la moitié des patients déprimés ne sont pas « reconnus » comme tels lors d'une première consultation chez un médecin généraliste.

Comment les former alors qu'ils sont étrangers au choc quasi traumatique vécu par les psychiatres au moment de leur rencontre avec les premiers patients dans les services d'urgence hospitaliers ? Le psychiatre est « initié », le médecin généraliste est « formé » avec des méthodes plus classiques. L'Organisation mondiale de la santé a d'abord réalisé à partir de 1990 une grande enquête internationale, financée par l'industrie pharmaceutique, pour montrer l'importance des troubles psychologiques dans des consultations ordinaires et l'incapacité des médecins généralistes à les dépister. En conséquence, l'OMS a mis au point des programmes rapides de formation en de multiples langues pour rendre les généralistes capables de mieux dépister les déprimés. L'objectif recherché est simple : il faut que les généralistes puissent poser le diagnostic en un temps très bref (de cinq à quinze minutes). Les médecins généralistes se forment à ces techniques de diagnostic en une demi-journée.

Les guides d'entretiens cliniques formalisés utilisés pour former les généralistes sont inspirés des outils d'entretiens directifs dont la méthode est familière aux sociologues qui veulent obtenir une information cohérente et structurée au cours de leurs enquêtes. Ils prévoient une progression logique dans les questions à poser aux patients et restreignent progressivement la manière dont l'interrogateur obtient des informations. Prenons-en un exemple dans le manuel *Entretien clinique formalisé pour le*

DSM-III-R servant à établir la présence d'un épisode de comportement de type maniaque chez un patient soupçonné de souffrir de psychose maniaco-dépressive, une des formes les plus graves de la dépression.

« Vous êtes-vous senti très bien ou trop gai ou planant — pas vraiment dans votre état normal ? À ce moment-là, vous sentiez-vous au sommet du monde ou comme s'il n'y avait rien que vous ne puissiez faire ? » Le médecin cote la réponse en « pas d'information, pas du tout, léger, bénin, modéré, grave, extrême ». De cette manière très directive, le médecin apprend à faire des diagnostics précis. Il pose les questions utiles et ne cède pas aux récits des patients qui deviennent pour lui des digressions. Il apprend à suppléer aux carences de ses diagnostics spontanés.

Le succès de l'élargissement de l'offre de la prise en charge est considérable : aujourd'hui, seulement 15 % des patients déprimés s'adressent directement à un psychiatre. Ils sont en grande majorité diagnostiqués et suivis par un médecin généraliste. Les psychotropes ont rendu possible une psychiatrie du médecin généraliste, c'est-à-dire une psychiatrie du plus grand nombre. La nécessité d'échanges incessants entre les psychiatres et les médecins généralistes, que ce soit à propos de patients particuliers ou pour l'animation de séances de formation, n'a pas permis la coexistence de deux systèmes théoriques psychiatriques : un pour les psychiatres et l'autre pour les généralistes. Tout l'univers psychiatrique change.

Les psychotropes sont la grande source d'invention psychiatrique

Désormais, les antidépresseurs et l'industrie pharmaceutique représentent le pôle le plus actif de la psychiatrie. Toutes les nouveautés, toutes les inventions, toutes les attentes et, ce qui n'est pas le moins important, tous les budgets finançant de nouvelles recherches, donc proposant de nouvelles inventions, viennent de la pharmacie.

Chaque nouveau psychotrope proposé par l'industrie pharmaceutique remodèle l'approche des troubles mentaux en séparant non pas ce qui pourrait être vrai et ce qui pourrait être faux dans leur définition et leur approche, mais ce qui est utile (le corps mental, de plus en plus sophistiqué) et ce qui est inutile (entre autres le psychisme). La manière dont un médecin apprend à poser un diagnostic, c'est-à-dire à repérer des signes chez ses patients, est très liée aux moyens thérapeutiques dont il dispose. Quand un nouvel antidépresseur est mis sur le marché avec la caractéristique d'être aussi anxiolytique, ce qui n'est pas le cas des antidépresseurs précédents, le médecin porte beaucoup plus d'attention à l'existence d'une composante anxieuse chez ses patients. Auparavant, il négligeait ce signe. Maintenant, il lui permet d'affiner sa prescription. Cela a des effets sur les questions qu'il pose aux patients et, en retour, cela attire l'attention même des patients sur certains éléments de leur expérience vitale sur lesquels ils ne s'interrogeaient pas jusque-là. L'information délivrée au patient par le médecin au moment où il justifie son choix du médicament renforce encore la nouvelle préoccupation. Les petites évolutions des molécules font évoluer les critères de classement des patients, et donc la définition de la dépression.

Il arrive un moment où ces groupes de patients ont suffisamment évolué pour qu'ils ne ressemblent plus du tout à ce que le sens commun nous oblige à penser comme relevant de la dépression. Mais la molécule fait « tenir » ce groupe, aussi le sens commun cède-t-il devant la nouvelle évidence et de nouveaux concepts issus de la dépression étendent leur influence, comme l'anxio-dépression, la dépression masquée, la dysthymie, les dépressions récurrentes brèves, les phobies sociales. La notion de dépression présente cette souplesse qui l'autorise à évoluer dans le temps pour donner naissance à des sous-catégories : toutes les anciennes névroses ont été « avalées ». Les antidépresseurs permettent aussi de valider les concepts venus de la psychothérapie, comme les névroses post-traumatiques.

Chaque nouveau psychotrope renouvelle les enjeux et son succès est d'autant plus grand qu'il est facile d'utilisation pour le médecin généraliste. Les psychiatres peuvent bien se plaindre du retrait progressif du marché de la classe des antidépresseurs dits IMAO, mais leurs fortes contre-indications empêchent définitivement leur prescription par les médecins généralistes. Ils ne créent pas une offre importante. La facilité d'utilisation d'un psychotrope appartenant à famille des ISRS (peu de contre-indications, facilité de la prise quotidienne unique, tolérance, faibles dangers liés à un surdosage) rend en revanche possible l'ouverture maximale de l'offre. Ces psychotropes n'effraient pas le médecin généraliste. Ils justifient son intérêt pour des patients qu'il peut apprendre à repérer comme déprimés. Ils ont rendu facile l'abord de ces patients.

En devenant une technique du médecin généraliste, les offres thérapeutiques de la nouvelle psychiatrie ne sont plus faites par les dix mille psychiatres exerçant en France aujourd'hui, mais par plus de cent mille médecins. Voilà qui change tout ! L'offre est multipliée par dix. L'industrie pharmaceutique a été la première à le comprendre. Elle a financé tous les programmes de formation des médecins généralistes. Il faut évidemment que les patients acceptent de se voir attribuer un corps mental comme la psychanalyse leur attribuait autrefois un psychisme. Mais ils ne sont pas perdants au change. Cette multiplication de l'offre rendue inévitable par la médicalisation de la psychiatrie nous donne une nouvelle clef pour comprendre comment la dépression a pu devenir une épidémie. Elle montre comment s'est constitué ce qu'on pourrait désormais appeler le complexe médicalo-industriel.

7

Le diagnostic de dépression : un thème à succès

La singularité du diagnostic psychiatrique

Nous avons vu que l'absence de témoin fiable en psychiatrie prive le diagnostic de la robustesse qu'il a dans les maladies infectieuses. Ce diagnostic ne peut pas s'appuyer sur un témoin capable de circuler, que l'on peut sortir du corps humain et promener pour mettre au point des outils diagnostiques indifférents à l'attitude et aux croyances du médecin, ou pour trier les molécules et sélectionner celles qui devront être soumises à l'épreuve décisive des essais cliniques.

En psychiatrie, nous n'avons rien d'équivalent à ce « mobile immuable » qu'est, pour prendre un exemple, le virus HIV dans le sida. Ce dernier est bien le témoin fiable du sida : il passe de mains en mains, mais ne change pas. Beaucoup de chercheurs ont intérêt, pour des raisons qui leur sont à chaque fois propres, à le prendre en charge, à l'amener dans leur laboratoire, à le précipiter sur des cellules et à le cultiver au fond de leurs éprouvettes, à ajouter de nouveaux éléments à sa définition. Il circule parce qu'il est adopté afin d'être soumis à de nouvelles expérimentations, mais en même temps il reste toujours le même. Des chercheurs de spécialités différentes, avec des objectifs parfois très éloignés, « épousent » le virus HIV. Plus il est épousé, plus il se renforce, se banalise et plus il vérifie ainsi sa robustesse. De moins en moins de monde ne conteste qu'il est la cause nécessaire et suffisante du sida.

Il ne faudrait pourtant pas croire que le diagnostic psychiatrique est condamné à dépérir dans la solitude de la rencontre entre le médecin et le patient et le désintérêt général. Il va circuler tout autant et peut-être même plus, mais sur un autre mode, dans d'autres milieux, selon d'autres chemins et avec d'autres rythmes qui vont permettre d'expliquer sa nature épidémique. Ici aussi, se pose la question des alliances et des épousailles, mais les acteurs ne sont pas les mêmes. Les principaux acteurs vont être ceux qui peuvent s'en saisir, faire œuvre avec lui, justement parce qu'il ne se présente pas sous la forme d'un être indifférent à leur croyance, à leur style, à leur comportement. Cela élimine les chercheurs qui ne peuvent épouser que des êtres robustes comme le sont les virus. Il faut être biologiste, physiologiste ou biochimiste pour activer, animer un virus comme le virus HIV. Si le diagnostic de dépression avait cette indifférence, ces acteurs-là auraient été ravis de le récupérer et ils n'auraient pas eu besoin d'inventer la technique des médicaments « pharmaco-induits ». Les chercheurs en biologie se retirent donc poliment, ne voyant pas ce qu'ils peuvent faire des diagnostics psychiatriques, mais ils laissent la place à d'autres. Les raisons pour lesquelles le diagnostic psychiatrique n'intéresse pas les chercheurs sont les raisons mêmes qui font que d'autres acteurs s'intéressent à lui.

Qui sont ces acteurs capables d'adopter et d'animer le diagnostic de dépression ? Il y a les professionnels de la santé, mais aussi tous ceux qui ont à faire avec les croyances, les désirs, les styles, les comportements, en un mot ceux qui ont à faire à l'opinion. Eux aussi vont pouvoir enrichir, mettre en mouvement, donner du contenu au diagnostic de dépression. Nous examinerons successivement la manière dont le diagnostic circule chez les psychiatres, chez les médecins généralistes, chez les patients puis, d'une manière plus générale, dans l'ensemble du public, en particulier grâce à la presse. Mais il nous faut d'abord nous démarquer de ceux qui ne voient dans cette affaire que des opérations de manipulations de l'opinion.

Le domaine de l'opinion a ses propres contraintes

L'opinion n'est pas un domaine où tout est possible, où toutes les manipulations marchent, où tout serait plus facile que dans les domaines activés par les scientifiques. Il y a là aussi des chemins à suivre et des protocoles à respecter. Prenons un autre exemple que la dépression : celui du tabagisme chez les adolescents. Comment circule et s'étend le tabagisme ?

Tout le monde constate que les campagnes d'éducation et de publicité pour tenter d'empêcher les adolescents de fumer sont des échecs. C'est évidemment incompréhensible pour ceux qui croient que les jeunes fument seulement à cause des campagnes publicitaires des grands groupes de fabricants de cigarettes. La fin du tabagisme dépend selon eux de l'augmentation des budgets des campagnes de prévention. Ce raisonnement ne tient pas compte des raisons qui amènent les adolescents au tabagisme : désir d'appartenir à de nouveaux groupes sociaux indépendants de la tutelle des adultes, croyance dans le pouvoir de la cigarette. Elle informe sur le passage du statut d'enfant à celui d'adulte.

Les campagnes publicitaires qui dénoncent la dangerosité de ce comportement ne pourront jamais vaincre un désir qui a intégré le danger comme une de ses données essentielles (danger lié au changement d'appartenance sociale : je fume parce que je veux entrer dans un univers qui ne sera plus celui, surprotégé, de l'enfance). Les campagnes de prévention et d'éducation ne peuvent malheureusement qu'évoquer ce à quoi les adolescents veulent échapper, l'ancien système d'appartenance (l'enfance) avec lequel le nouveau comportement fait rupture. Elles essaient de mettre justement en route le mécanisme (l'obéissance aux bons conseils, la protection) dont les adolescents veulent s'émanciper en commençant à fumer. Comment pourraient-elles réussir ?

Il faudrait donc, pour combattre le tabagisme chez les jeunes, inventer de nouveaux désirs et de nouvelles croyances qui s'opposeraient aux précédents sur leur propre terrain. Il est évidemment plus difficile de créer un phénomène social que de mener une campagne d'éducation. Le monde social ne se constitue pas à partir de campagnes d'éducation, mais par la mise en branle de croyances et de désirs qui se traduisent par l'adhésion à de nouveaux modèles et à de nouveaux groupes, permettant à chaque nouvel adhérent de se rendre identifiable et de se transformer. Les campagnes de publicité en faveur du tabac ont du succès parce qu'elles nourrissent une croyance et un désir déjà présents. Elles les renforcent. Elles surfent sur la vague. Cela rend très difficile l'action à rebours. Les marchands de cigarettes bénéficient d'une sorte de vitesse acquise qui est contagieuse et contre laquelle la demande d'abstinence, avec son cortège de prudence et de défiance, paraît bien peu dynamique, bien trop statique.

On pourrait, prudemment et modestement, suggérer aux pourfendeurs du tabagisme de lancer dans la bagarre les troupes des non-fumeurs, en les appelant à une intolérance totale, en les mobilisant pour qu'ils poursuivent partout les fumeurs afin de restreindre de plus en plus les espaces où il est possible de fumer. La publicité doit alors s'adresser aux non-fumeurs et non pas aux fumeurs. Les fabricants de tabac l'ont compris et ont peur de cette possibilité : ils orientent aujourd'hui leur communication sur la nécessité du bon voisinage et de la bonne entente entre fumeurs et non-fumeurs.

Et qu'en est-il ici du discours biologique ? Il existe, mais il occupe une toute petite place : certes, les chercheurs peuvent nous expliquer le fonctionnement de ce qu'ils appellent les mécanismes de la dépendance, mais ils savent que cela ne remplace pas les autres explications. Les produits de substitution (patchs, comprimés de nicotine) viennent comme des points d'appui utilisables dans le parcours du fumeur, en fonction de son choix ; ils sont très illustratifs de l'utilité et des limites de ce qui mérite, ici aussi, le nom de « petite biologie » pour reprendre la formule que j'ai employée dans le chapitre 5 en désignant la biologie élaborée par les chercheurs afin de mettre au point de nouveaux psychotropes. Il n'y a là rien à mépriser, car les outils inventés de cette manière peuvent aider les patients à arrêter de fumer.

Cet exemple montre que le monde social n'évolue pas en fonction de pures manipulations. Il se construit dans ce cas de manière imitative : le désir et la croyance se transmettent, sont adoptés et se nouent dans l'action.

Pourquoi et comment le diagnostic de dépression circule-t-il dans ce milieu que nous avons appelé opinion ? Nous comprendrons ce qu'est le diagnostic en psychiatrie en regardant comment il circule, de la même manière que nous comprenons ce qu'est le tabagisme en regardant comment il est adopté par des individus qui, grâce à lui, se redéfinissent dans de nouvelles appartenances.

La dépression intéresse le public

L'apprentissage qui consiste à apprendre à regrouper les traits constituant le diagnostic de dépression n'a aucune raison de rester limité au monde des médecins. Il faut ainsi apprendre aux patients et à leur entourage à repérer ce qui caractérise ce dont ils souffrent et qu'ils pourraient prendre pour autre chose. Ces derniers peuvent se montrer parfois réticents à considérer que leurs troubles du sommeil et de l'appétit, leurs sentiments de culpabilité ne sont que des signes d'une maladie appelée dépression. Il faut leur faire « prendre conscience » que leurs problèmes relèvent de la médecine, et cela ne va pas de soi.

Nous assistons depuis quelques années à de véritables campagnes d'éducation des patients menées comme des opérations classiques de publicité. Ainsi, en Grande-Bretagne, les associations de psychiatres et de médecins généralistes ont animé de 1991 à 1995 la Defeat Depression Campaign. Celle-ci comportait deux volets, l'un en direction des médecins généralistes et l'autre en direction du grand public. Grâce à elle, la consommation d'antidépresseurs a augmenté de 33 %. Aux États-Unis, une campagne a lieu tous les ans depuis 1991 : le National Depression Screening Day, qui propose un dépistage individuel. En 1996,

18 000 professionnels de la santé y ont participé. Elle permet de « recruter » massivement de nouveaux déprimés.

La presse — et en particulier la presse féminine — joue un rôle considérable. Au moins une fois par an, chaque grand titre de la presse féminine consacre un dossier à la dépression. Il est toujours conçu sur le même modèle : témoignages de patients, interview d'un psychiatre, insistance sur la nécessité de ne pas confondre coup de déprime et vraie dépression, modèles d'explications biologiques, efficacité des antidépresseurs, utilité des psychothérapies.

Ce genre d'articles est relativement récent : il a pris tout son essor depuis la fin des années soixante-dix. Dans les années soixante, les articles qui ont introduit la dépression dans le grand public étaient très différents. Rappelons-nous les journaux flamboyants qui mettaient à leur une la dépression des vedettes de la chanson et du cinéma, transformant leurs tentatives de suicide (souvent par absorption de médicaments) en événements populaires. L'exemple est donc venu d'en haut. On a popularisé les comportements des acteurs et des célébrités. Leur exemple est descendu par rayonnement imitatif dans tout le public et d'abord chez les lecteurs (lectrices) des revues porteuses de ce message.

Puis l'innovation introduite de cette manière s'est généralisée, la dépression devenant désormais, pour ainsi dire, à la portée de tous. Elle a cessé d'être une maladie rare réservée aux stars dont le surmenage était lié à leur célébrité et à leurs obligations. La presse ne parle presque plus de la dépression des grands, elle s'adresse désormais à tous. La dépression s'est banalisée de manière incroyable : tout le monde y a droit. On peut mettre en relation la fréquence des articles de la presse féminine sur la dépression et le fait que 40 % des femmes, contre 25 % des hommes, font au moins un épisode dépressif au cours de leur vie. Les femmes ont appris à « adopter » une pathologie autrefois réservée aux vedettes de la chanson et du cinéma.

Comment la dépression s'est imposée comme une évidence

Le discours qui stabilise la dépression se repère, ce qui ne manque pas d'ironie, à un élément toujours présent : la référence aux psychothérapies. Dans tous les articles ou brochures sur la dépression, on signale presque rituellement que l'on peut aussi utilement suivre une psychothérapie et pas seulement prendre des antidépresseurs. En fait, on l'a dit, seuls 15 % des patients déprimés suivent une psychothérapie, et celle-là est bien souvent limitée à des conseils de bon sens pour apprendre à contrôler ses émotions, à prendre correctement ses médicaments et à se réengager dans la vie active. Il serait plus pertinent de parler d'un soutien que d'une psychothérapie dont l'objectif serait de modifier le patient : ici, c'est le psychotrope qui doit modifier le patient. Cette référence à la psychothérapie a pour objet de montrer que tout ne ramène pas aux antidépresseurs et qu'il s'agit donc de santé publique et non de commerce. Cela crée un sentiment d'objectivité autour de l'idée de dépression.

Le discours sur la dépression ne s'adresse pas tant aux dépressifs eux-mêmes qu'à leur entourage, pour le mobiliser. Il a une dimension éthique : c'est un discours pour aider, pour secourir. Il conseille sur la manière d'agir avec un dépressif, le type de reproche qu'il faut cesser de lui faire et les voies dans lesquelles il faut l'engager. Ce discours est donc désintéressé : il fait œuvre sociale, il est généreux et au service d'autrui.

Un des points forts du discours qui stabilise la dépression est la distinction martelée entre le simple coup de déprime, qui ne mérite pas d'être médicalisé, et la « vraie dépression » qui doit l'être de toute urgence. Mais il n'est pas facile de passer de la distinction proclamée à la distinction pratique. Cette difficulté est renforcée par les mots utilisés : on parle de « déprime » quand ce n'est pas grave et de « dépression » quand ça l'est. Mais, dès qu'on utilise les formes verbales des mêmes mots, la distinction tend à s'amenuiser : est-il différent d'être « déprimé » et d'être « dépressif » ? Alors qu'il prétend établir des différences, le discours bute sur la difficulté de les installer solidement, ce qui renvoie, nous le savons, à l'absence de témoin fiable. Un mécanisme est créé qui fait que toute personne ressentant des sentiments de tristesse commence à s'interroger pour savoir si elle ne débute pas une dépression.

Le discours qui stabilise la dépression martèle l'idée que celle-ci ne relève pas de la volonté du patient. C'est précisément en cela qu'elle est une maladie et qu'elle relève de la médecine. L'entourage doit cesser de dire à un dépressif « de se secouer ». Pour la personne concernée, cela devient : « Tu ne pourras pas t'en sortir par tes propres moyens. » Ce qui est présenté comme un conseil ressemble furieusement pour le futur patient à une induction. Tu es condamné à aller voir un médecin, car ta volonté est hors jeu. Si tu ne veux pas aller chez le médecin, c'est un nouveau signe de ta maladie, qui s'appelle « incapacité à agir ».

La dépression devient un risque que chacun doit être conscient de courir à un moment ou à un autre de sa vie. Il crée un système d'alerte pour tous. Mais les seuls facteurs de risque sont les premiers signes, et il se trouve que ces premiers signes correspondent aussi au coup de déprime, peu grave, qui ne justifierait pas une médicalisation.

Habitudes mentales et syllogismes

Il est difficile pour un médecin, confronté tous les jours à des patients qui présentent bien tous les signes de la dépression, de comprendre en quoi son diagnostic rend compte de la réalité tout en étant une construction. Dans le chapitre précédent, j'ai appelé « habitudes mentales » les mécanismes acquis par les médecins qui leur permettent de faire l'offre de dépression à un patient qui demande de l'aide. L'acte mental du médecin, constitué par cette action de repérage chez un patient des signes qui permettent d'offrir la proposition de dépression, ne vient pas créer ces signes, mais il est indispensable pour que ceux-ci prennent toute leur réalité et une nouvelle stabilité.

Les habitudes mentales s'adoptent, donc circulent, s'étendent et peuvent s'imposer progressivement dans l'opinion avec une force qui ne permet ni de se rappeler le chemin qu'il a fallu parcourir pour les acquérir, ni de voir comment elles modifient les personnes qu'elles touchent.

Une habitude mentale est structurée pour pouvoir circuler et s'étendre rapidement dans de nombreux milieux. Ce que nous avons appris avec l'exemple du tabagisme pourrait bien nous être très utile ici. Nous avons vu que le tabagisme s'étendait en articulant désir et croyance. Qu'en est-il avec la dépression ? Tous les documents qui parlent de la dépression, qu'ils soient réalisés par l'industrie pharmaceutique afin d'être mis à la disposition des patients dans les salles d'attente ou par les journalistes les plus honnêtes et les mieux intentionnés, tiennent finalement à peu près le même raisonnement. Ils invitent les patients à adopter le syllogisme suivant :

1. Je ressens bien ces sentiments. Je suis donc atteint d'une maladie : la dépression.
2. Je veux m'en sortir et guérir.
3. Je vais voir un médecin pour qu'il me prescrive des antidépresseurs.

Ce syllogisme est le revers de celui qui est adopté par les médecins :

1. Il présente bien les traits qui permettent de diagnostiquer une dépression.
2. Il est de mon devoir de le soulager.
3. Les antidépresseurs le soigneront.

Nous voyons comment ces syllogismes mêlent croyance (1), désir (2) et action (3). Nous sommes ici très empiriques, et nous ne parlons pas de désir en général comme peuvent le faire les psychanalystes. De même, nous ne parlons pas de croyance pour l'opposer au savoir, comme on le fait souvent aujourd'hui en considérant que les savoirs renvoient à la science, aux connaissances établies de manière certaine, alors que les croyances relèvent des faux savoirs, des illusions et des préjugés. Nous englobons, au moins provisoirement, les savoirs dans les croyances. Nous employons donc le mot croyance dans un sens très large, sans nous prononcer sur les différents statuts des croyances, sans distinguer entre celles qui sont bonnes et celles qui ne le seraient pas, celles qui seraient « fausses » et celles qui seraient « vraies ». Dans ce cadre, nous pourrons parler de croyances scientifiques, celles-ci étant seulement des croyances vérifiées par des procédures codifiées, et qui obtiennent de ce fait un statut particulier parmi toutes les autres manières de produire de la vérité ou du savoir.

Il ne s'agit donc pas de croyance et de désir en général, mais toujours de la croyance « en quelque chose » et du désir « de quelque chose ». Cette croyance et ce désir vont se mêler et amener les individus à agir. Dans notre cas : ils vont les amener chez le médecin pour y obtenir la prescription d'un antidépresseur.

La facilité même avec laquelle le diagnostic de dépression circule, parce qu'il n'est pas attaché par un témoin fiable mais relève d'abord du consensus des psychiatres qui écrivent le *DSM*, à partir de l'énergie créée par la mise sur le marché de nouveaux psychotropes, en fait un phénomène d'opinion. Il circule en étant transformé, reformulé, rejoué par tous ceux dont la spécialité est de s'occuper de l'opinion. Voilà une nouvelle condition qui a permis à la dépression de devenir une épidémie.

8

L'industrie pharmaceutique a un rôle actif

La petite biologie va constituer un domaine d'excellence pour l'industrie pharmaceutique. Elle ne pouvait pas rêver mieux. Alors que son seul objectif est de mettre au point de nouveaux médicaments, la petite biologie est incapable d'imaginer des traitements définitifs, éradicateurs, comme le sont certains vaccins. Elle a, en revanche, un potentiel de développement considérable. Toutes les nouvelles technologies peuvent être recalibrées et mises au service de la petite biologie. C'est le cas de la génomique, qui n'entraîne pas tant l'invention de thérapies géniques que de nouveaux outils automatisables de tri de petites molécules classiques à partir de nouvelles cibles. Avec la petite biologie, toutes les technologies de recherche peuvent un jour ou l'autre être captées par l'industrie pharmaceutique.

Un « complot » des laboratoires ?

Alors que le travail du médecin reste largement une activité artisanale fondée sur le face-à-face avec son patient, quels que soient les outils techniques qu'il utilise, celui du pharmacien, c'est-à-dire de l'inventeur et du préparateur du médicament, s'est réorganisé depuis les années trente sur le mode industriel et marchand propre au capitalisme. De ce point de vue, l'industrie pharmaceutique est en bien meilleure position que le pharmacien d'officine pour se présenter comme l'héritière du pharmacien du XIXᵉ siècle. Le pharmacien, sous les noms divers d'herboriste, d'apothicaire, de préparateur, est le tiers qui apparaît très tôt — dès l'Antiquité grecque — dans l'histoire de la médecine occidentale. Il a, encore une fois, changé de nom dans la période moderne pour s'appeler « laboratoire pharmaceutique ».

Cette place occupée par la figure moderne du pharmacien le condamne à être la cible idéale des dénonciations. Or, il faut d'abord commencer par comprendre ce qui s'est inventé avec le médicament moderne. On ne peut pas se contenter (même si c'est indispensable) de mettre en cause les puissants moyens financiers utilisés par les laboratoires pour convaincre les médecins de prescrire des antidépresseurs au-delà de l'indispensable. L'industrie pharmaceutique serait responsable de la surmédicalisation de problèmes existentiels qui ne le mériteraient pas. Face à cette offensive, les médecins auraient perdu leur capacité d'écoute et prescriraient des psychotropes par facilité, alors qu'ils devraient tout simplement consacrer plus de temps à leurs patients. L'argument nous semble trop court.

Cette thèse est souvent présentée conjointement à une critique de la société moderne, de plus en plus stressante et donc produisant de plus en plus d'exclus et de déprimés. Toujours selon cette critique, la médicalisation des problèmes existentiels permettrait de contourner la contestation sociale : les psychotropes, et plus particulièrement les antidépresseurs, réussiraient à éviter que la critique sociale s'exprime ouvertement. En poussant cette logique à l'extrême, les antidépresseurs participeraient d'un vaste complot organisé par les pouvoirs économiques dominants pour se protéger de la menace de la subversion. Ils serviraient à endormir le peuple.

Cette thèse n'est pas satisfaisante. Le modèle que nous proposons rend inutile l'idée d'une puissance dominatrice et sournoise, manipulant les médecins et les larges masses. Lorsque les médecins se défendent en expliquant que les patients auxquels ils prescrivent des antidépresseurs sont de vrais déprimés, ils ont raison. Lorsqu'ils croient que la dépression peut être naturalisée et abordée avec les mêmes outils conceptuels qu'une maladie infectieuse, ils ont tort. Notre modèle essaie d'expliquer comment se fabrique la dépression à l'échelle des microrapports humains et comment elle se généralise pour devenir un problème de société.

Cela n'implique pas que l'industrie pharmaceutique soit seulement une puissance passive. Il faut la reconstituer dans son rôle actif. La dépression est pour l'industrie pharmaceutique un marché. Et un marché n'existe jamais spontanément en attente des produits qui viendront l'occuper. Un marché se construit, se formate, s'étend ou se restreint au cours du temps simultanément à l'invention des produits qui lui donnent sa configuration. Les cas où c'est la consommation qui guide l'évolution de la production et de l'invention sont en fait les plus rares. L'offre constitue généralement le pôle le plus actif d'un marché, donc celui qui détermine son évolution. D'un point de vue économique, qui est aussi celui de l'industrie pharmaceutique, des besoins peuvent exister de manière virtuelle et comme endormis, mais ils ne sont intéressants que lorsqu'ils s'éveillent. Et ce réveil est dû, le plus souvent, à de nouvelles offres.

L'industrie pharmaceutique explore et développe le champ de la dépression en mettant en œuvre des agencements efficaces, capables de saisir les médecins, des patients et le médicament dans un mécanisme unique. La dénonciation idéologique est impuissante face à une telle machinerie capable de fabriquer du social. Il est évidemment beaucoup plus facile de faire de la politique dans un monde qui se partage entre amis et ennemis de la vérité. Mais que peut-on faire dans un monde devenu beaucoup plus mouvant où les critères de vérité sont fabriqués en même temps que ce qu'il faut juger ?

Les laboratoires pharmaceutiques peuvent exagérer, ne pas avoir démontré ce qu'ils avancent, faire une publicité qui va au-delà de ce qui est prouvé ou interpréter de manière tendancieuse les résultats qu'ils ont obtenus. Mais ce n'est pas le plus important. Comme je relativise ces faits, on pourra m'accuser de faire la part belle à l'industrie pharmaceutique. En réalité, je la prends tout simplement au sérieux. Je vise une critique plus grande, plus vaste, qui ne mette pas seulement en cause le non-respect de l'élaboration du cahier des charges dans certains de ses détails, mais le cahier des charges lui-même.

D'une certaine manière, il faut apprendre à critiquer l'industrie pharmaceutique lorsque son opération de captation de nouveaux patients réussit pour des raisons solides, de bonnes raisons, quand elle réussit à les attacher grâce à une molécule particulière, à les réassigner à un nouveau territoire médical, et non pas quand elle y échoue ou quand elle essaie de faire croire qu'elle y réussit alors qu'elle a pauvrement arrangé des résultats médiocres. Lorsque l'industrie pharmaceutique saisit correctement les choses et les individus, qu'elle les redéfinit et fabrique un nouveau lien social résistant, nous devrions alors être en mesure de dire « cela nous convient » ou « cela ne nous convient pas » : « Certes, vos molécules peuvent nous saisir, nous transformer, et nous redéfinir d'une manière qui peut être jugée positive y compris par nous. Mais nous voulons en discuter. » Ne faut-il pas revivifier la critique précisément à ce moment-là, parce que « ça marche » ?

Critiquer les laboratoires pharmaceutiques qui font mal leur métier est finalement chose assez facile. Les pouvoirs publics, même si nous avons des raisons de nous en méfier, sont capables de les surveiller et de contrôler leurs prétentions avec rigueur. Les laboratoires qui font bien leur métier, qui ne trafiquent pas leurs résultats, qui trouvent vraiment des molécules innovantes, sont ceux qui nous intéressent et à qui nous n'avons aucune raison de laisser le monopole de la définition et de la stabilisation des maladies de l'âme. Car ils sont susceptibles de réorganiser nos vies, de changer nos espoirs, de modifier notre insertion sociale. Même s'ils font bien leur métier, nous devons trouver les moyens de discuter le nouveau type de contraintes qu'ils inventent. Cela implique de préparer la voie à une vraie biologie qui ne serait pas une simple extension de la petite biologie servant à mettre au point de nouveaux antidépresseurs et à définir, ensuite, le profil du consommateur idéal.

Comment créer un marché

Lorsqu'un laboratoire dispose d'un nouveau médicament, il doit faire le calcul économique de ses ambitions. Il réalise pour cela des études de marché. Mais les industriels savent que le marché n'existe que lorsqu'un ou plusieurs médicaments sont là pour le faire vivre, lui donner corps. Le marché ne se confond pas avec le potentiel des gens qui peuvent être abstraitement repérés comme souffrant de la pathologie concernée. Il y a plusieurs manières de se soigner et les raisons pour lesquelles on en choisit une sont elles aussi extraordinairement multiples.

Ainsi, la migraine concerne un grand nombre de gens. Et, pourtant, le nombre d'entre eux que l'industrie pharmaceutique fidélise autour de ses thérapeutiques est extrêmement réduit. Les migraineux essaient successivement de multiples traitements qui ne sont d'ailleurs pas tous médicaux, mais dont aucun n'est totalement satisfaisant. Rares sont ceux qui ne se situent que dans un cadre médical classique. Chaque migraineux trouve un équilibre instable autour de thérapeutiques et de recettes mélangées de manière très empirique.

Tout nouveau médicament suppose une bataille pour « recruter » les patients, les convaincre que ce dont ils souffrent relève de la visite chez le médecin. C'est une bataille pour l'adhésion.

Il faut d'abord former les médecins au dépistage en leur expliquant que cela élargit leur clientèle et que c'est donc tout à leur avantage. On a vu que cela ne va jamais de soi. Le premier outil de cette procédure de mobilisation et d'enrôlement est constitué par les phases IV des études cliniques. Dès qu'un nouveau médicament a reçu son autorisation de mise sur le marché, le laboratoire pharmaceutique propose le plus massivement possible à un grand nombre de médecins de participer à des études cliniques complétant les études précédentes. Toute la scène est alors rejouée, mais sans risques et à grande échelle. Le médecin n'est pas seulement invité à recevoir les visiteurs médicaux et à regarder les publicités dans les journaux qui lui sont réservés, mais il joue un rôle très actif : il doit recruter des patients, leur expliquer l'enjeu de l'étude de phase IV et leur prescrire le médicament déjà sur le marché. Il vérifie lui-même la solidité des affirmations du laboratoire pharmaceutique et apprend à prescrire.

La meilleure stratégie pour faire adhérer les médecins consiste à créer et à proposer un nouveau mécanisme d'action faisant référence à la petite biologie et élevant celui-ci au rôle d'explication de la pathologie. Il peut s'agir d'un nouveau mécanisme biologique (une nouvelle action sur un nouveau récepteur) prometteur d'effets nouveaux. Cela passe par ce que les responsables du marketing appellent les « concepts ». J'emploie ce mot avec des guillemets, parce que son usage détourné de la philosophie en a révolté plus d'un, à juste titre.

La bataille des « concepts »

Le champ de la dépression est en mouvement. Il est vivant, en permanente redéfinition — et cela fait son intérêt et sa force —, alors que celui de la schizophrénie semble plus immobile. La dépression recouvre des pathologies considérées comme très graves (la psychose maniaco-dépressive) et toute une série de troubles plus ou moins invalidants dont la définition évolue vite. Un nouveau « concept » articule de nouvelles études cliniques, un nouveau médicament (ou un ancien médicament qui obtient une extension de son autorisation de mise sur le marché pour la nouvelle indication qui a été vérifiée dans les études cliniques), de nouvelles populations à soigner, un nouveau nom pour désigner ce groupe. Les plus actifs sur ce marché sont ceux qui font évoluer la définition de la pathologie ou sa segmentation interne. Dans ce dernier cas, les responsables du marketing parlent de « niche ». Ma visite récente dans plusieurs congrès internationaux de psychiatrie me permettra d'illustrer mon propos avec quelques exemples précis.

Depuis quelques années, les laboratoires danois Lundbeck essaient de s'imposer sur un nouveau marché prometteur : celui de la dépression masculine, opposée à la dépression féminine, plus reconnue et mieux traitée. Lundbeck organise des réunions au cours des congrès internationaux sur ce thème. Il édite des brochures qui reprennent les communications de psychiatres spécialistes. Certaines formes de dépression sont considérées comme « atypiques » ou d'« anxio-dépression ». Les nouveaux antidépresseurs de la famille des ISRS ont remporté un succès considérable dans l'indication « dépression avec composante anxieuse ». Il s'agit pour Lundbeck de préciser cette notion floue en essayant d'opposer une forme de dépression masculine, peu diagnostiquée, à la dépression féminine. Ces dépressions seraient d'intensité moyenne. Le premier symptôme permettant de les diagnostiquer ne serait pas les sentiments de tristesse et d'impuissance, mais l'irritabilité, l'anxiété, l'impatience, la tension nerveuse, l'irascibilité, l'hostilité, des accès de colère. Les comportements violents sous la forme d'auto-agression avec tentative de suicide ou de violence sur autrui en seraient caractéristiques. Tout cela aurait jusqu'à présent « masqué » le phénomène morbide. Nous aurions des populations masculines peu traitées et souvent appelées à devenir alcooliques. L'enjeu est donc présenté comme un enjeu de santé publique.

Il serait faux de penser qu'il s'agit là d'une construction pure et simple faite par Lundbeck dans le secret de ses bureaux. Lundbeck recherche sans doute une niche pour un antidépresseur ayant un fort potentiel sédatif et calmant (la fenfluramine ?). En compulsant toute la littérature psychiatrique, ses responsables du marketing ont certainement trouvé des travaux de spécialistes sur des formes de la dépression accompagnées de comportements violents. Ces travaux étaient jusque-là menés dans une assez grande indifférence. Lundbeck a probablement pris contact avec ces chercheurs. Il leur a proposé de mettre des moyens à leur disposition, de leur organiser des symposiums satellites lors des grands congrès psychiatriques.

Des équipes de chercheurs jusque-là plus ou moins marginales se trouvent alors propulsées sur le devant de la scène. Elles se voient proposer des moyens pour réaliser des études qu'elles n'avaient pas, jusqu'alors, les moyens de financer. Elles « intéressent ». Pourquoi les chercheurs refuseraient-ils ? Il faudrait qu'ils soient des saints ! Encore une fois, le laboratoire n'a absolument pas besoin de manipuler les chercheurs en question, de leur faire dire des choses qu'ils ne pensent pas. Il suffit de leur donner les moyens de creuser leur sillon. Entre le laboratoire et ces chercheurs existe une véritable alliance, chacun trouvant son compte dans l'approfondissement et la justification de la notion de « dépression masculine ». Plus la notion devient robuste, mieux c'est pour les chercheurs et pour le laboratoire.

Dénoncer une manipulation ne peut donc provoquer, de part et d'autre, qu'une immense incompréhension : les chercheurs pensent vraiment ce qu'ils disent et écrivent. Rien n'a besoin d'être caché. Les chefs de produits marketing et les responsables des études cliniques du laboratoire ont toutes les raisons d'être convaincus de travailler pour le bien de leur entreprise mais aussi de la psychiatrie et de la santé publique en général. Le laboratoire peut même se vanter de distribuer des fonds sous la forme de prix scientifiques et de bourses de recherche pour tous les travaux qui ont lieu sur la dépression masculine.

Rien ne garantit à l'avance le succès du nouvel agencement proposé : il dépend de nombreux facteurs dont beaucoup échappent au laboratoire. Le nouveau « concept » doit être capable de s'élargir, de recruter et de soumettre d'anciennes appellations. Il doit étendre progressivement son influence en apparaissant comme la solution la meilleure et la plus rationnelle pour de grands ensembles de patients. Il doit devenir passionnant pour d'autres équipes de chercheurs, indépendamment des objectifs mêmes des premières équipes et du laboratoire pharmaceutique.

Le succès se vérifie dans l'augmentation des ventes et dans le fait que d'autres laboratoires essaient de promouvoir un produit dans la même niche. Ce n'est évidemment pas facile, car il leur faut à leur tour réaliser des études cliniques pour prouver que leur antidépresseur est particulièrement bien indiqué pour ce sous-groupe de patients déprimés. Comme il faut beaucoup de temps pour réaliser ce type d'études (un, deux ou même trois ans), le premier laboratoire a la possibilité de consolider la nouvelle niche avant que les concurrents essaient de l'en déloger. Il y a toujours une prime au premier qui crée la surprise.

Prenons un second exemple. Les laboratoires britanniques SmithKline Beecham (SKB) sont confrontés à un problème semblable à celui de Lundbeck : trouver une niche pour leur antidépresseur afin de lui donner une originalité et de grandir sur le marché en élargissant et en rendant plus robuste cette niche. Ils décident de promouvoir le trouble de l'« anxiété sociale ». Il s'agit d'une nouvelle formulation pour les phobies sociales. Mais le mot phobie est un obstacle à l'élargissement de la niche. Qui peut avoir envie de se faire soigner pour un trouble appelé ainsi ? Aussi SKB mène-t-il une double bataille : pour le changement de nom du trouble et pour la reconnaissance de l'efficacité de son antidépresseur (la paroxetine) dans cette sous-catégorie. SKB s'appuie sur des associations de patients pour obtenir le changement d'un nom considéré comme dévalorisant.

Ils ont presque obtenu gain de cause, puisque la dernière édition du *DSM* — le *DSM IV* — a retenu aussi l'appellation « trouble de l'anxiété sociale » en la plaçant entre parenthèses au chapitre des phobies sociales. Il a sans doute fallu un important travail de lobbying pour arriver à ce résultat. Comme pour la catégorie précédente, ce trouble est sous-diagnostiqué alors qu'il touche une partie importante de la population. Des réunions sont organisées, des brochures, des numéros spéciaux de grandes revues psychiatriques et même un livre sont édités. Tous ces travaux sont de bonne qualité. Ils ont souvent franchi les comités de lecture des revues et convaincu les organisateurs des congrès scientifiques. Là encore, il est vain de dénoncer une simple manipulation. Beaucoup de ces travaux ne font aucune allusion à la molécule que possède et que veut promouvoir le laboratoire pharmaceutique. Ils créent un consensus sur une nouvelle manière de nommer et de rechercher le trouble. Ils permettent aussi d'associer de multiples spécialistes pour mettre au point des « échelles », comme la *Leibowitz Social Anxiety Scale* dans le cas présent, indispensables pour organiser des études cliniques.

On voit ici à l'œuvre un nouveau mécanisme qui explique comment la dépression avait le potentiel de se transformer en une épidémie par un élargissement permanent des contours des troubles que les molécules peuvent saisir et aider à définir. Il ne s'agit pas seulement de publicité mais de véritables mécanismes transformant les individus et modifiant la société.

9

La petite biologie n'explique rien

La psychiatrie biologique promettait d'être passionnante. À condition qu'elle soit vraiment biologique. Mais nous avons vu qu'elle ne l'est pas, sauf à faire parler la petite biologie de ce dont elle est incapable : la cause des troubles mentaux. Du coup, les choses s'inversent. En prétendant être une psychiatrie biologique, au prétexte qu'elle utilise des médicaments, la psychiatrie se délimite un espace de compétence très restreint et se subordonne à l'industrie pharmaceutique, grande pourvoyeuse des informations qui constituent la petite biologie. En mettant au point le modèle « pharmaco-induit » (dont découle la petite biologie) pour inventer des psychotropes toujours nouveaux, les chercheurs de l'industrie pharmaceutique ont été géniaux. Mais la psychiatrie n'a pas le droit de nous refaire le coup dans l'autre sens en expliquant de manière « pharmaco-déduite » les troubles mentaux. De ce point de vue, la psychiatrie biologique est un échec total.

L'impossible stabilisation de la psychiatrie biologique

Le rapport de la psychiatrie à la biologie est généralement conçu sous trois formes possibles. Le premier modèle est celui du déterminisme absolu : nous connaîtrons bientôt la cause biologique nécessaire et suffisante qui explique la survenue d'un quelconque trouble mental ; c'est un droit de la raison. Le deuxième modèle est celui de la « prédisposition ». Ce modèle privilégie la recherche génétique dans le but de mettre au point des tests de dépistage prédictifs. Dans cette conception, la biologie constitue une sorte d'infrastructure sur laquelle peuvent s'élever les superstructures psychologiques. Il s'agit fondamentalement du même modèle que le précédent, mais teinté de prudence : le mot « prédisposition » a l'avantage de rarement pouvoir être démenti. Le troisième modèle est le refus absolu de prise en compte de tous les travaux des biologistes, comme cela peut être le cas de certains psychanalystes, au nom de l'indépendance structurelle de la notion de psychisme par rapport à toute notion physiologique et biologique. Les travaux biologiques seraient, par nature, étrangers au débat sur le psychisme et ses troubles dont la science existe déjà avec la psychanalyse. Il faudrait donc mettre en garde les patients contre tout usage de psychotropes, car ils ne feraient que masquer le véritable trouble et rendraient impossible la véritable prise en compte de ce qui relève du psychisme.

Le rôle de la biologie dans l'abord des troubles mentaux ne peut pas rester enfermé dans ces oppositions. Rien de ce qui arrive à des espèces vivantes n'est dépourvu de dimension biologique. Nous n'employons pas la formule de petite biologie pour dévaloriser le travail des chercheurs. Au contraire, les techniques de recherche qu'ils ont mises au point méritent d'être saluées ; ils ont réussi à contourner le grand obstacle de l'absence de témoin fiable qui caractérise tous les troubles mentaux. Mais, du coup, leurs travaux ne sont utiles que pour mettre au point de nouveaux psychotropes, même s'ils nous rappellent qu'il y a évidemment du biologique dans les dépressions.

Nous pourrions éventuellement garder la formule de grande biologie pour tous les travaux qui mettent en lumière les causes nécessaires et suffisantes à l'installation d'une maladie. Mais cela est incertain, car les choses se révèlent vite plus compliquées et débordent de tous côtés cette trop facile opposition. Notre ambition est plus modeste : nous voulons surtout contester un certain usage des résultats obtenus par la petite biologie, laissant penser que nous nous rapprochons de plus en plus de l'identification de causes ayant le même pouvoir explicatif en psychiatrie que les germes dans les maladies infectieuses. La formule l'« hypothèse dopaminergique de la schizophrénie » est l'exemple même de ce glissement injustifié et de cette ambiguïté. Elle associe un déficit d'un neurotransmetteur dans le cerveau, la dopamine, avec la schizophrénie au motif que les neuroleptiques agissent sur lui.

Ce contraste peut se saisir d'une autre manière : pourquoi essaie-t-on à tout prix de faire correspondre les psychotropes inventés avec des catégories diagnostiques figées, alors que nous n'avons aucun moyen de stabiliser leur relation ? Quand un médicament est seulement symptomatique, il est probable qu'il est utile dans des maladies très différentes. Personne n'oserait définir, de manière restrictive, l'aspirine comme un « antigrippe ». Pourquoi est-ce l'inverse en psychiatrie, sinon parce qu'il faut stabiliser à tout prix la fragile psychiatrie biologique ?

Cela nous amène à une autre révision. On croit dur comme fer qu'il y a trois grandes catégories de psychotropes qui existent côte à côte, se répartissant le champ immuable des troubles mentaux : les neuroleptiques, les antidépresseurs et les anxiolytiques. Les neuroleptiques sont liés à la schizophrénie et les antidépresseurs à la dépression. Seuls les anxiolytiques sont considérés comme « transnosologiques ».

L'étude historique amène pourtant à douter de cette classification. Ainsi, les tricycliques (antidépresseurs) sont une sous-classe de neuroleptiques (antipsychotiques) : leurs structures chimiques sont quasiment superposables. Aujourd'hui, certains neuroleptiques sont « requalifiés » selon les doses auxquelles les médecins les prescrivent : le sulpiride, par exemple, est utilisé à fortes doses comme neuroleptique dans la schizophrénie et, à faibles doses, dans les maladies psychosomatiques en France ou même dans la dépression en Allemagne. En Italie, l'amisulpride est enregistré comme un neuroleptique à fortes doses et comme un antidépresseur à faibles doses. 60 % des neuroleptiques sont prescrits par les médecins généralistes en dehors des troubles psychotiques graves.

Les vieux neuroleptiques se figent dans le passé avec des populations de patients schizophrènes qui leur sont attachés et, pendant ce temps, les antidépresseurs prennent les devants et défrichent de nouveaux secteurs. Puis les neuroleptiques reviennent à l'avant du champ de bataille : considérés au moment de leur invention comme de purs antipsychotiques, ils viennent prendre à revers les antidépresseurs et avancent désormais aussi sur de nouvelles terres. Ils deviennent « désinhibiteurs », « antidéficitaires », stimulants. Ils doivent aider à la réinsertion sociale des patients schizophrènes et ne plus seulement leur permettre de quitter l'hôpital psychiatrique. Peu à peu, les différences qui fondent ces deux classes de médicaments s'estompent.

Pendant ce temps, les antidépresseurs font reculer de manière spectaculaire les benzodiazépines : l'anxiété n'est plus un trouble en soi qui mériterait une médication spécifique, mais un trouble qui en accompagne toujours un autre, la dépression ou l'épisode psychotique. Les benzodiazépines sont alors poussées progressivement hors du champ de la médecine, vers celui des drogues illégales, vaste cimetière où se trouvent déjà d'anciens médicaments rejetés et déconsidérés (comme l'héroïne). Tout cela est incompréhensible si on ne saisit pas les psychotropes dans un mouvement général assez chaotique, qui est le prix à payer pour l'absence de témoins fiables au sens où ils existent dans les maladies infectieuses et alors qu'il est totalement inconséquent de faire comme s'ils existaient. Cela prive de la possibilité d'inventer des témoins fiables qui soient d'une autre nature.

Les psychotropes ne constituent donc pas un monde plus stable, en référence à la biologie, que celui des psychothérapies. Mais la psychiatrie biologique se définit à la fois par une absence de témoins fiables et par un fonctionnement pratique qui laisse croire que ces témoins fiables existent. Il ne s'agit pas seulement d'un pari de la raison (« demain, on réussira à démontrer que des caractéristiques génétiques prédisposent à la schizophrénie ou à la dépression… »), mais d'une articulation entre une pratique très concrète et un champ d'hypothèses très vagues qui sont prises en compte comme s'il s'agissait de connaissances stabilisées. Ce leurre est sans doute très dommageable pour les patients.

Que peut apporter la biologie à la psychiatrie ?

Nous voulons sortir du débat psychiatrique habituel en posant la question suivante : les découvertes en biologie ouvrent-elles le champ des possibles ou, au contraire, nous dictent-elles de nouvelles contraintes qui restreignent ce dernier ? Curieusement, en psychiatrie, la référence à la biologie a toujours pour objectif de restreindre le champ des possibles. La biologie est toujours utilisée comme une arme contre les autres approches des troubles mentaux. Cette situation est tout à fait exceptionnelle. Dans tous les autres domaines, les travaux des biologistes ne sont pas vécus comme créant de nouvelles contraintes, mais au contraire comme pouvant nous en libérer au-delà même de toute mesure. Nous en avons peur et le public comme les pouvoirs publics s'interrogent de plus en plus sur les outils et les travaux qu'il faut autoriser et ceux qu'il faut interdire. Les instances éthiques, philosophiques, religieuses spécialisées dans le domaine de la biologie se multiplient pour donner des avis et définir politiquement les bornes à ne pas franchir.

La situation en psychiatrie est donc très étrange. La biologie se présente comme si elle pouvait automatiser la relation entre l'expérience d'un patient et de son entourage, le diagnostic et des données biologiques. La biologie raccourcirait le chemin entre le vécu d'un trouble mental et son traitement. La dissimulation du statut peu valorisant de la petite biologie a pour conséquence une démarche réductionniste, là où nous pourrions nous attendre à trouver une prolifération de nouvelles propositions et de nouveaux dispositifs de traitement. La petite biologie ne réduit pas le chemin qui mène d'un comportement anormal à une cause biologique. Elle trace un nouveau chemin de traverse entre toutes les causes hypothétiques d'un trouble mental et ses manifestations. La petite biologie s'ajoute à tout ce que nous savons déjà sur les troubles mentaux sans être capable de rien retrancher.

Notre histoire est pleine d'exemples où l'invention d'interventions biologiques ne réduit pas le champ des possibles, ne facilite pas les explications mais, au contraire, démultiplie les possibles. Prenons-en un exemple.

Au XVIIIe siècle, l'Europe a connu la mode des castrats. Nous n'entendons plus aujourd'hui de voix de castrats, sauf sur de mauvais disques enregistrés tardivement. Un castrat n'est pas un eunuque. Il n'est pas seulement le résultat d'une opération chirurgicale spécifique. Il est littéralement construit par quantité d'événements comme l'art de choisir ceux qui allaient en être les victimes, l'art de les former à des techniques de chant qui ont été sans successeurs pour les porter jusqu'à nous, et qui sont impossibles à reconstituer. Il suffit de supprimer un seul de ces éléments participant de la fabrication des castrats au XVIIIe siècle pour que nos connaissances modernes se ternissent. La biologie, aussi intéressante soit-elle, ne peut en aucun cas prétendre se substituer à d'autres modes de connaissance, ni avoir, dans ce cas précis, un statut privilégié par rapport aux récits des contemporains expliquant la beauté et le caractère incomparable du chant des castrats. Si seule l'opération chirurgicale et ses conséquences biologiques pouvaient épuiser la manière de rendre compte de ce qu'est un castrat, nous ne pourrions pas comprendre pourquoi la castration de garçons, pratiquée dans d'autres cultures — en Inde par exemple — produit des êtres très différents des sublimes chanteurs du XVIIIe siècle.

L'exemple des castrats m'intéresse, car il met en scène une fabrication complexe avec plusieurs niveaux : choix des enfants soumis à cette opération sur des critères artistiques, intervention chirurgicale pour castrer et donc transformer un être humain masculin en le privant (ce qui était un effet secondaire pour les opérants) de sa capacité de reproduction, puis formation d'un chanteur par des techniques très particulières de travail de la voix. Le chemin qui va de l'intervention chirurgicale avec ses effets biologiques (la castration) à l'existence d'un castrat chantant et capable de ravir les foules est donc très tortueux. Il ne court pas en ligne droite, mais implique à chaque moment une multiplicité d'acteurs différents, définis dans la logique du système social de l'époque, et capables d'intervenir avec art à chaque moment décisif. D'une certaine manière, on pourrait dire que l'intervention chirurgicale relevait déjà d'une « petite biologie ».

L'exemple des castrats est intéressant pour une seconde raison. Aujourd'hui, les biologistes savent infiniment plus de choses sur ce qu'est un castrat que les savants de l'époque. Ils peuvent expliquer les modifications hormonales et physiologiques induites par la castration d'un jeune garçon et les raisons pour lesquelles sa voix va évoluer de manière particulière. Pour autant, les biologistes sont-ils capables de nous expliquer ce qu'« est » un castrat, ce qu'est la voix d'un castrat ou, autrement dit, ce qu'elle peut produire comme effet sur ceux qui l'écoutent ? Personne de sérieux ne le prétend. Il faut pour en savoir plus revenir à ce que le sens commun nous dit sur les castrats. Comment ? Par exemple en relisant les témoignages des contemporains qui les admiraient passionnément et qui nous décrivent l'émotion qui les saisissait jusqu'à l'évanouissement.

Ici, le savoir biologique peut être dit « asignifiant » : il ne se suffit pas à lui-même et ne constitue pas non plus le fondement des autres savoirs. Il ne nous dit rien de définitif. Il ne sait pas répondre aux questions les plus intéressantes que nous sommes en droit de nous poser. Le sens commun garde toute sa place et toute sa pertinence face au discours scientifique qui crée de nouveaux détours, de nouveaux embranchements mais ne résout pas le problème posé.

Un modèle ouvert

Nous avons besoin d'un modèle capable de prendre en compte les travaux des biologistes, tout en refusant le déterminisme, mais aussi le recours trop facile à l'idée passe-partout de « prédisposition ». En s'inspirant de la manière dont certains paléontologues héritiers de Darwin posent le problème de l'évolution, nous parlerons de « potentialité » biologique.

Trouver de la biologie dans les composantes d'un trouble mental ne pose aucun problème, mais ne nous donne aucune solution sur le rapport entre ce trouble et les éléments biologiques. Il faut tester d'autres possibilités que la subordination : celles qui utilisent par exemple le terme « mobiliser ». Nous pourrions dire que la dépression « mobilise » des éléments biologiques, en particulier génétiques mais aussi des conflits sociaux ou individuels, parfois remontant à l'enfance, pour prendre sens. Il ne s'agit plus alors de penser la possibilité d'un trouble comme dans le modèle de la prédisposition, mais de montrer comment une pathologie, au même titre qu'une émotion ou un comportement, mobilise des éléments de natures très diverses et leur donne une cohérence nouvelle qui fait événement dans l'histoire humaine.

La théorie darwinienne nous a habitués à ces phénomènes de mobilisation dans l'évolution du vivant. On nous comprendra mieux si nous prenons comme exemple les débats sur la manière dont on peut raconter l'histoire de modifications qui ont amené des espèces à se différencier à partir de nouveaux organes aussi banals que les plumes. Des chercheurs ont fait l'hypothèse de leur apparition chez des dinosaures qui, par hasard, sont nés avec des écailles déchiquetées. Elles auraient d'abord été « mobilisées » comme isolant thermique donnant une certaine supériorité à ceux qui en étaient pourvus. Seule leur utilité immédiate a pu assurer leur avenir. Puis elles ont pu évoluer en ailes et donner lieu à d'autres mobilisations comme bondir, attraper plus facilement des proies, s'enfuir, avant de permettre cette nouvelle expérience : voler. Il s'agit donc de caractéristiques biologiques qui se sont développées pour des raisons autres que leur utilité immédiate. Elles ont été par hasard disponibles et mobilisables pour d'autres usages.

Ce modèle est finalement le plus prudent pour penser le rapport entre biologie et troubles mentaux dans l'état actuel des travaux scientifiques : la dépression est susceptible de « mobiliser » des éléments comme la sérotonine. Mais ils peuvent aussi être mobilisés pour d'autres usages, pour des individus pris dans d'autres histoires. Ainsi, ce qui ne sera qu'un patient déprimé avec perte d'initiative et d'espoir pour la psychiatrie moderne sera un objectif à atteindre dans la tradition bouddhiste, car c'est un pas dans la voie du salut. La situation n'est évidemment pas alors vécue comme inexorable, mais comme supposant la participation active de la personne concernée par ce qui est un effort vers quelque chose de souhaitable. Mais, à un moment donné dans leurs parcours qui *in fine* sont aux antipodes, un patient déprimé et un bouddhiste sur la voie de réalisation peuvent faire preuve d'une étrange ressemblance qu'une biologie restreinte ne peut que confirmer.

Nous pouvons maintenant poser différemment la question : les antidépresseurs augmentent-ils nos possibilités de choix ou les referment-ils ? La première possibilité explique leur succès. Mais cela n'implique en aucun cas que nos troubles mentaux reçoivent une explication suffisante par la biologie, ni que le traitement avec des antidépresseurs agisse de quelque manière que ce soit sur les causes des troubles mentaux. Au contraire, le choix de prendre un antidépresseur est celui de mobiliser des mouvements moléculaires dans son cerveau. La petite biologie, parce qu'elle est seulement un moyen de mettre au point de nouveaux psychotropes à partir de l'héritage des précédents, est alors une chance supplémentaire pour les patients ; mais cela suppose qu'elle abandonne ses prétentions exorbitantes. Elle n'a pour vocation que d'être une toute petite niche dans ce qui pourra être une vaste biologie.

Les psychiatres et les chercheurs qui font jouer à la petite biologie le rôle d'une biologie explicative, ont une démarche inverse de celle des chercheurs inventant la modeste technique d'invention dite « pharmaco-induite » à l'origine de cette petite biologie. Ces chercheurs ont adopté cette technique parce qu'elle avait des conséquences fructueuses, et non pas parce qu'ils avaient trouvé les causes des troubles mentaux. Souhaitons que les médecins soient aussi inventifs et modestes que ces chercheurs.

Le pari biologique

L'option biologique qui consiste à croire que l'on établira des témoins fiables en psychiatrie en étendant et en consolidant la petite biologie n'est qu'un pari très incertain. Les chercheurs les plus sérieux ont multiplié les déclarations pour expliquer que ce pari qui triomphe complètement depuis une trentaine d'années, n'est absolument pas lié à de nouvelles découvertes scientifiques, mais est seulement fondé sur une nouvelle manière de mettre en scène et en perspective ce qu'on sait de la biologie du cerveau grâce à l'action des médicaments. Il s'agit, en fait, d'un pari sur les découvertes à venir, du sentiment excitant que les mécanismes biologiques vont nous donner les causes des troubles mentaux. On a institué des découvertes à venir en droit de la raison.

De tous les troubles mentaux, la dépression aurait pourtant dû venir semer le plus grand doute sur ce pari biologique. Pendant longtemps, on a essayé de le sauver en distinguant une dépression endogène (biologique) d'une dépression exogène (une cause extérieure). Il était en effet trop évident que certaines dépressions étaient dues à ce qu'on appelait avec pudeur des « événements de vie », des expériences traumatisantes, intentionnelles ou non. Mais dans tous les cas où on avait beaucoup de mal à identifier l'agresseur, on pouvait encore faire appel à la notion de dépression endogène, ou biologique.

Les antidépresseurs, en montrant une efficacité semblable sur les deux types de dépression, ont mis fin à l'utilité de cette distinction. Elle avait d'ailleurs eu peu de succès dans le reste de la psychiatrie ; ainsi, personne n'avait eu besoin d'imaginer de découper la schizophrénie selon ce même critère : il n'y a pas de schizophrénie endogène et de schizophrénie exogène ! Pour les partisans de la psychiatrie biologique, tous les cas de schizophrénie sont endogènes. Pour les courants rattachés à l'antipsychiatrie ou à la thérapie familiale des premières années, tous les cas sont exogènes. Curieusement, le pari biologique a continué à se développer, indépendamment des réalités mises à jour et en confondant les découvertes relatives aux mécanismes d'action des médicaments avec celles de témoins (biologiques) fiables.

Un pari peut toujours être défini par les risques qu'il fait courir à ceux qui le font. Le pari biologique triomphe en moralisant la psychiatrie. Il écarte les figures de l'homme ancien en butte à des démons où à des ennemis difficiles à identifier ou dont les intentions ne sont pas faciles à décrypter. Mais il réduit les patients au silence. Leurs histoires, leurs récits, leurs expériences immédiates ne sont pas très utiles pour tous ceux qui s'inscrivent dans ce pari. Le pari de la petite biologie exclut les témoignages du patient et toute responsabilité de son entourage, ce que ne saurait faire une grande biologie dans la tradition darwinienne.

Le pari biologique constitue avant tout un attracteur : autour de lui, les professions se réorganisent, des groupes prennent de l'importance, recrutent de nouveaux partisans, disposent de beaucoup de moyens matériels et financiers. Tous ces engagements lient de manière nouvelle des personnes entre elles, les rendent solidaires du pari qui a été fait. Tout ce qui met en cause ce pari remet aussi en cause leur propre situation et des institutions devenues toujours plus puissantes au fil du temps : ceux qui s'en écartent prennent le risque d'être bannis du milieu, de ne plus publier et de ne pas pouvoir financer leurs recherches. Dans une telle situation, chacun s'influence, et ce qui n'était au début qu'un pari assumé comme tel prend de plus en plus l'apparence d'une réalité incontestable qu'il serait criminel de menacer. Plus le nombre de personnes qui sont engagées par ce pari grandit, plus les convictions deviennent fortes. La moindre découverte exalte les sentiments des uns et des autres. Très vite, il n'y a plus de place pour le doute. Un pari crée du désir et de la croyance et entraîne les actions dans un certain sens. Il oblige à penser d'une certaine manière et nous force à oublier que la petite biologie est un sous-produit de ce qu'il faut bien appeler l'échec de la biologie en psychiatrie.

10

Les antidépresseurs sont de la psychothérapie concentrée et industrialisée

S'il n'y a pas de fondement biologique stable à l'existence et à la définition des psychotropes, qu'il s'agisse des neuroleptiques ou des antidépresseurs, comment allons-nous pouvoir exposer la différence entre un traitement avec des psychotropes et un traitement par une psychothérapie ? Nous ne pouvons évidemment pas prétendre que si un trouble mental est mieux traité avec des psychotropes que par une psychothérapie, il devient légitime de le considérer comme faisant partie des maladies organiques. L'idée que les psychotropes sont destinés aux troubles mentaux organiques et les psychothérapies aux troubles mentaux psychologiques moins graves, n'est fondée sur aucune démonstration et est très éloignée de la pratique réelle des psychotropes. C'est une autre solution qu'il va falloir mettre en œuvre pour articuler les différentes pratiques thérapeutiques.

Le psychotrope remplace de l'action humaine

Les psychotropes ne sont pas vraiment différents d'une action psychothérapeutique, puisque leur prescription ne repose pas sur des fondements biologiques qui les opposeraient aux psychothérapies. La possibilité d'utiliser une substance comme psychotrope n'a pas pour fondement ultime une action repérée sur un mécanisme biologique dans le cerveau. Ce mécanisme biologique est seulement un intermédiaire dans l'enchaînement des processus qui ont abouti à créer le psychotrope. Ce mécanisme biologique renvoie lui-même à une action sur les sentiments, les émotions et les comportements qui a toujours été repérée de manière initiale et empirique dans le cours de la clinique, comme pour les psychothérapies. Les deux techniques font référence au même modèle d'action, même s'ils utilisent des « opérateurs » différents. Les opérateurs qui permettent de constituer des substances chimiques en antidépresseurs ont évidemment l'avantage de pouvoir se répandre universellement, ce qui n'est pas le cas des opérateurs des psychothérapies, en particulier de ceux qui sont d'inspiration psychanalytique.

Pour maintenir une démarcation forte entre psychotropes et psychothérapies, il faudrait pouvoir renvoyer les premiers à des témoins organiques fiables et les seconds à une théorie psychique robuste. Il faut bien avouer que dans un cas comme dans l'autre, c'est loin d'être le cas : on ne sait pas pourquoi cela marche ! Comme on ne sait rien des raisons pour lesquelles les lobotomies, pratiquées jusque dans les années cinquante, ont amélioré l'état d'un certain nombre de patients ; c'est pourquoi on préfère généralement oublier que ce fut le cas. Mais au moins est-on maintenant sûr que ce n'est pas pour les raisons qu'on a avancées à l'époque et qui nous paraissent aujourd'hui aussi sottes que barbares.

Qu'en est-il pour les psychotropes ? On peut établir des corrélations entre les quantités de molécules absorbées par un individu et des modifications biologiques dans son cerveau (et ailleurs). Mais ces modifications biologiques ne peuvent pas être directement mises en relation avec la souffrance morale soulagée. Il reste donc tout à fait possible que l'efficacité des psychotropes soit due à des raisons très différentes de celles que nous retenons actuellement comme suffisantes.

Ainsi, une question sans réponse revient régulièrement : les antidépresseurs sont plus efficaces qu'un placebo, mais seraient-ils plus efficaces qu'un placebo « impur », c'est-à-dire une substance n'ayant pas d'effet sur le cerveau mais provoquant des effets secondaires de type anticholinergiques (induisant une sécheresse de la bouche) ? Personne ne peut jurer de rien. Tout le monde s'interroge, mais personne n'est prêt à financer ce type d'études.

Nous avons vu que les raisons retenues, à l'origine de la petite biologie, sont celles qui permettent de mettre au point de nouveaux psychotropes légèrement différents des précédents et donc capables de capter et même de définir de nouveaux troubles mentaux. Tout est ici tourné vers l'invention, et ce qui permet l'invention dicte son rythme et ses obligations au reste.

Nous ne savons pas non plus pourquoi une psychothérapie est ou n'est pas efficace. La difficulté est redoublée par l'impossibilité de mesurer cette efficacité comme on mesure celle des antidépresseurs en référence à un placebo.

Il ne faut donc pas penser en terme d'opposition mais de continuité. Nous sommes passés des psychothérapies aux psychotropes, les uns se sont branchés sur les autres. Nos psychothérapies se sont figées sous la forme des psychotropes, contenant les mêmes ressources et les mêmes incertitudes, ce qui est la base de leur mise en concurrence.

Cela n'implique pas que psychothérapies et antidépresseurs ne puissent pas être prescrits simultanément chez le même patient. Cette coprescription a tout simplement le même statut que la prescription, elle aussi très courante, de deux psychotropes à la même personne. Elle se réalise sur la même base empirique. L'invention des antidépresseurs a entraîné une relativisation des psychothérapies. Ces dernières sont d'une grande souplesse : elles sont adaptables aux médicaments prescrits et elles évoluent jusqu'à se transformer en simples conseils de bon sens pour le patient. Ces conseils s'articulent le plus souvent autour du bon usage des psychotropes : les prendre aux bons moments et aux bonnes doses, apprendre à en contrôler et supporter les effets secondaires, parler à son prescripteur de l'évolution possible de la médication et de ses dosages. Les antidépresseurs qui ressemblent tant aux psychothérapies (mais avec un léger avantage) peuvent largement prendre leur place et les détruire.

Les psychotropes ont d'abord remplacé l'enfermement, puis les psychothérapies

Les neuroleptiques antipsychotiques, mis au point en 1952, n'ont pas brutalement remis en cause les psychothérapies. Ils s'adressaient à une partie de la population atteinte de troubles mentaux que les médecins soignaient non pas avec des psychothérapies mais par l'enfermement. Cette technique de soin, à l'origine de l'aliénisme, en a payé le prix et a progressivement disparu. La similitude entre l'enfermement et l'action des neuroleptiques a été bien repérée par les antipsychiatres, qui ont assimilé les neuroleptiques à des « camisoles chimiques ». Les neuroleptiques remplaçaient l'enfermement, donc en épousaient évidemment certains effets, mais ils en déplaçaient d'autres, permettant aussi la mise en place de nouvelles configurations et sans doute de nouveaux espaces pour de nouvelles pratiques. L'expression « camisole chimique » est donc trop rapide, sauf pour dénoncer, avec raison, les pratiques les plus ignobles.

Avec les antidépresseurs, c'est au tour des psychothérapies d'être concurrencées, comme les techniques d'enfermement l'ont été par les neuroleptiques. La force des antidépresseurs n'est pas du tout liée à leur action sur une cause biologique qui aurait été enfin identifiée. Les antidépresseurs n'ont pas besoin de théorie. Pour eux, tout est bon : ils sont en situation permanente d'avaler l'ensemble du champ des troubles psychologiques, ce qui les distingue des premiers psychotropes, les neuroleptiques, dont l'action sur le corps était brutale et puissante. « Grâce à la petite biologie, vous avez une source intarissable de nouvelles molécules. Grâce aux études cliniques, vous avez un outil permanent pour faire évoluer le couple psychotropes/trouble mental. Modifiez les molécules et essayez ! » : tel est le cri de guerre des antidépresseurs. Chaque nouvelle invention en précède une autre à venir. Les antidépresseurs se moquent de tous les raisonnements sur le psychisme.

Les psychanalystes se trouvent armés d'une théorie que plus personne n'a besoin de réfuter. Le pire leur est arrivé : leur théorie est devenue inutile. Dès les années soixante-dix, les psychotropes obligent à mettre en cause la division entre psychose et névrose. Très vite, les antidépresseurs sont candidats à soigner des troubles qui ne ressemblent absolument pas à des troubles dépressifs, comme l'ensemble des somatisations (maladies psychosomatiques), puis les troubles obsessionnels, l'anxiodépression, les phobies sociales et enfin le stress post-traumatique. Les névroses ont disparu. Des mots nouveaux viennent étiqueter des troubles que personne, jusque-là, n'appelait de cette manière, des ensembles de symptômes que les médecins apprennent à rechercher et à mettre en valeur.

Les antidépresseurs sont à l'avant-garde permanente de la redéfinition de l'ensemble des troubles mentaux : la prolifération des antidépresseurs s'accompagne d'une prolifération de nouvelles définitions de ces derniers. Le psychiatre Louis Roure peut même écrire, sans s'étonner, dans un livre grand public sur la dépression : « Ce qui va être révisé progressivement, c'est l'authenticité d'un trouble dépressif à partir du moment où il devient résistant à ces nouveaux produits. C'est pour cela que l'on peut considérer à partir de ce moment-là que l'idée dominante va admettre une nouvelle définition de la dépression : c'est ce qui guérit sous antidépresseur [1]. »

Avec les neuroleptiques, la psychiatrie pouvait encore avoir des prétentions théoriques. Les neuroleptiques n'ont toujours été conçus que comme une sorte de pis-aller, en attendant que les chercheurs trouvent enfin de vrais traitements définitivement efficaces, étiologiques. La réflexion sur la pathologie pouvait et devait continuer, indépendamment des médicaments. Ce n'est

1. Louis ROURE, *La Dépression*, Ellipses, Paris, 1999, p. 16.

plus le cas avec les antidépresseurs. Ils vont plus vite que tous les autres mouvements. Ils avalent le champ des troubles mentaux, le bouleversent, le redéfinissent à grande vitesse. Les professionnels sont condamnés à suivre la machine qui donne l'impression de s'emballer. Personne ne sait au nom de quels arguments ils pourraient bien essayer de la freiner. La psychiatrie peut désormais continuer à inventer (ou à bénéficier d'inventions venues des pharmacologues) sans plus avoir à penser. La psychiatrie progresse sans plus avoir besoin de réfléchir. Elle a trouvé ailleurs un moteur qui supplée la faiblesse historique du sien et qui s'est aujourd'hui emballé.

Cela doit nous amener à affiner notre proposition. Nous dirons que les antidépresseurs sont « dans le prolongement » ou « dans l'alignement » des psychothérapies *et* c'est bien pour cela qu'ils « remplacent » les psychothérapies et la définition des troubles mentaux. Ils produisent des effets qui modifient le champ des troubles mentaux de manière spectaculaire en comparaison avec l'époque où dominaient l'enfermement d'un côté et les psychothérapies de l'autre.

En inventant une psychiatrie qui n'est plus intéressée par le débat sur les causes et les contenus, les psychotropes ont un avantage certain sur les psychothérapies d'inspiration psychanalytique. Ils sont susceptibles de partir à la conquête du monde : avec eux, les êtres humains peuvent vraiment devenir *universels*. Les psychotropes peuvent prétendre réussir là où la psychanalyse et l'inconscient ont échoué à conquérir le monde. Cette universalisation est rendue possible par une double opération : les psychotropes créent un système d'enrôlement sans heurts et sans difficultés ; ils créent une situation dans laquelle les singularités présentées par les « sujets » deviennent, du même coup, « hors champ » et ne participent plus de la définition du patient, constituant le corps mental en « réservoir d'universalité ». Il n'est nul besoin de convaincre un patient avant de lui donner un psychotrope. Le contenu de son récit n'intéresse jamais le psychiatre qui le prend en charge et se demande quel psychotrope lui prescrire. Ni le contenu des délires, ni les raisons d'être déprimé ne doivent venir troubler un interrogatoire dont le seul objectif est de trouver des signes que le psychiatre appréhende en les vidant de tout contenu.

Les psychotropes soulignent avec délice que la pensée qui accompagne les psychothérapies n'a absolument pas réussi à identifier les vrais « êtres » à l'origine du mal dont souffre un patient déprimé, puisqu'on ne peut se passer d'eux et soigner en les oubliant. L'ambition de la psychanalyse était de faire triompher son système explicatif, les causes des troubles mentaux qu'elle avait identifiées en fonction d'invariants qui se retrouveraient sous toutes les latitudes. Elle pouvait renvoyer les causes identifiées par des thérapeutes traditionnels au passé préscientifique, mais ne pouvait échapper aux controverses. Les médicaments antidépresseurs, eux, sont gagnants à tous les coups, puisqu'ils éliminent l'intérêt même de ce débat autour des causes. Un médecin de formation occidentale peut prescrire un psychotrope à un patient tout en le laissant consulter tous les autres thérapeutes à sa disposition et donner toutes les causes possibles (devenues sans importance) à son mal.

Nous avons expliqué que psychothérapies et psychotropes ont un point commun : ils intériorisent les difficultés psychiques en les renvoyant soit à l'appareil psychique soit à un dysfonctionnement neurobiologique. Mais ces deux intériorisations ne sont pas du tout équivalentes. L'intériorisation neurobiologique est beaucoup plus en surface que l'intériorisation psychique. Il n'y a de ce fait rien de pire qu'un mauvais psychothérapeute, parce qu'il renvoie le patient à ce qu'il lui apprend, dans le même temps, à considérer comme son intimité et sa réalité la plus profonde et la plus absolue. Les reconstructions proposées par les psychothérapies mettent en jeu des éléments qui sont présentés par le thérapeute comme constituant l'essence du sujet, sa vérité profonde, son intimité. En comparaison, l'intériorisation biologique n'a rien de culpabilisant. Elle sauvegarde l'âme par rapport aux difficultés du corps. Elle est toujours superficielle.

Les protestations des deux parties

Les psychotropes, des premiers aux derniers inventés, des neuroleptiques du début des années cinquante aux antidépresseurs de la famille des inhibiteurs de la recapture de la sérotonine, sont donc tous indifférents à la question de l'origine, organique ou psychologique, des troubles mentaux. Tout leur convient. Ils sont tous symptomatiques et donc athéoriques. Ils ne sont pas différents des hypnotiques qui permettent de dormir quelle que soit la raison qui prive de sommeil. On peut les prescrire à un patient diagnostiqué déprimé ou les ajouter à une prémédication anesthésique avant une opération chirurgicale ! Beaucoup de psychiatres font comme si les psychotropes, par leur simple évolution et leur lent perfectionnement, sans véritable rupture, pouvaient devenir un jour des traitements étiologiques, intervenant au niveau même de causes biologiques ultimes. Comme si c'était en faisant évoluer et en améliorant l'aspirine que les chercheurs avaient trouvé les antibiotiques !

Les psychotropes, et en particulier les antidépresseurs, ne peuvent être analysés et compris que comme étant de la psychothérapie concentrée, uniformisée, industrialisée. Le but des psychothérapies est de « modifier » une personne qui souffre de troubles mentaux. Quand il est obtenu, le changement est observable de bien des manières différentes, entre autres par les modifications biologiques qu'il provoque « au passage ». De ce point de vue, il n'y a pas de différences entre psychotropes et psychothérapies.

Cette proposition est scandaleuse, car elle met en cause ce qui semble faire accord entre tous : la différence fondamentale et irréductible entre ces modes de traitement. Du point de vue des psychothérapeutes, cette proposition fait disparaître leur dernier atout : la spécificité de leur travail. Ils perdent leur originalité en devenant « remplaçables » à bon compte. Ils savent évidemment que les psychothérapies sont concurrencées par les psychotropes et, en particulier, par les antidépresseurs. En revanche, ils peuvent difficilement admettre que les psychotropes ne soient pas d'une essence différente des psychothérapies qu'ils pratiquent et justifient dans le cadre d'une pensée théorique parfois extrêmement sophistiquée. Il leur faut impérativement maintenir l'idée d'une supériorité de la psychothérapie, surtout quand elle est d'inspiration analytique, sur les médicaments. La psychothérapie permettrait de traiter les problèmes au fond et non pas superficiellement. Cette idée se retrouve de manière obstinée dans l'idée martelée selon laquelle un symptôme qui disparaît grâce à un psychotrope, ou au cours d'une psychothérapie non analytique, réapparaît ailleurs et autrement, mais réapparaît de toute manière.

Du point de vue des professionnels de la psychiatrie biologique, l'effet de ma proposition n'est pas meilleur. Si les médicaments psychotropes ne sont que de la psychothérapie concentrée, les chercheurs et les psychiatres ne participent plus à un véritable progrès scientifique qui ferait d'eux des médecins comme les autres et qui leur permettrait d'entretenir avec la biologie les mêmes rapports que les secteurs les plus prestigieux de la médecine. La grande révolution de la biologie ou des médicaments risque d'apparaître en psychiatrie beaucoup moins grandiose qu'on ne voulait le laisser croire. Ils ne feraient qu'instrumentaliser une petite biologie. Cette proposition les ramène à ne rien faire d'autre que ce que font déjà les psychothérapeutes : ils ne se distinguent de ces derniers que par les moyens industrialisés et donc contrôlables qu'ils mettent en route. Le contraste entre praticiens des psychothérapies travaillant comme des artisans et chercheurs travaillant à grande échelle ne repose plus sur rien d'essentiel. Il manque singulièrement de noblesse. Il n'est pas de nature « épistémologique ». Il n'y a pas de nouveau « paradigme ». La biologie a échoué en psychiatrie.

Cette proposition crée une proximité entre les deux professions que ni l'une ni l'autre ne souhaitent en fin de compte. Cela revient à dire que les psychiatres qui se disent d'inspiration biologique feraient mieux de fréquenter et de tenir leurs congrès en commun avec les psychothérapeutes de diverses sensibilités qu'avec d'autres médecins, et que leurs liens privilégiés avec les neurobiologistes, essentiellement à travers les revues scientifiques et les congrès, ne constituent qu'un bizarre compagnonnage, une étrange alliance où ils ont finalement bien peu de choses à apprendre. Tous les professionnels ont donc beaucoup à perdre à ma proposition provocatrice, alors que tous ont beaucoup à gagner à continuer la guerre qui les oppose mais qui, d'une certaine manière, garantit des zones de paix (aujourd'hui menacées par l'extension des psychotropes) puisqu'elle permet de continuer à se répartir les patients. Ou, mieux encore, à les voir chacun de son côté, de manière « complémentaire ».

La figure du bon prescripteur

La petite biologie n'a aucun rôle important dans la compréhension des troubles mentaux. En fait, elle n'interfère pas avec les décisions de prescription de tel ou tel psychotrope : sérotonine, dopamine et noradrénaline n'ont pas d'importance au moment où il faut choisir un antidépresseur pour un patient particulier. Mais la petite biologie a des effets pervers redoutables. Elle donne un fondement à la psychiatrie biologique qui est illusoire. Elle sépare le psychiatre utilisant les psychotropes des autres psychothérapeutes en lui laissant croire qu'il occupe une place à part. Elle empêche que d'autres utilisent les antidépresseurs sans avoir besoin de se définir comme psychiatres biologiques. Le discours sur la petite biologie empêche de fabriquer des prescripteurs intelligents capables de s'insérer dans tous les dispositifs.

Peut-être faudra-t-il apprendre à ne plus réserver la prescription des psychotropes aux médecins psychiatres ou généralistes pour multiplier les sources d'invention, retrouver la multiplicité et briser le lien pervers qui lie la médecine psychiatrique à l'industrie pharmaceutique. Ce ne sont pas les psychotropes qui rabougrissent le champ de la psychiatrie, mais le discours sur la petite biologie qui les accompagne. L'illusion selon laquelle il existerait un socle solide de connaissances biologiques implique que des questions qui devraient être débattues ne le sont pas. Ainsi, la question : « Quelles sont les qualités d'un bon prescripteur ? » n'est pas prise en considération ou, si elle l'est, c'est de la même manière que dans les pathologies où existent des témoins fiables. Alors que le problème doit se poser différemment dans le champ psychiatrique où les témoins fiables manquent et où d'autres raisons doivent présider à la décision de prescrire un antidépresseur plutôt qu'un autre.

Être un bon connaisseur de la neurobiologie n'est en aucun cas une aide pour bien prescrire. La réflexion collective sur les raisons de prescrire telle classe d'antidépresseurs plutôt que telle autre est d'une extrême faiblesse. L'ordonnance du psychiatre (souvent trois médicaments au moins) nécessite un art des dosages, des mélanges et de leur variation parfois rapide dans le temps. Ce sont des savoirs spécifiques qui mériteraient la mise en place de cadres privilégiés pour qu'ils soient débattus et transmis. Il y a des savoir-faire qu'il faut nécessairement cultiver si on veut qu'ils s'améliorent. Le statut donné aux antidépresseurs par la petite biologie l'interdit. D'une certaine manière, la version « universalisante » de la biologie et du corps mental, parce qu'elle inscrit ce corps dans une nature universelle, est justement ce qui empêche la mise en place de procédures ou de dispositifs qui permettraient de « cultiver » les savoirs et les savoir-faire qui portent sur ce corps. Il serait beaucoup plus fructueux de considérer le corps mental comme une « construction » qui nous définit mais qui n'a rien d'universel *a priori*.

Aujourd'hui, rien ne permet de valoriser le savoir technique sur la prescription toujours combinée de psychotropes, alors qu'on reconnaît volontiers que les grands psychiatres sont ceux qui savent manier de manière originale et mouvante les mélanges de psychotropes. Mais ce savoir technique met mal à l'aise, car il témoigne de la non-adéquation entre la manière de soigner avec des psychotropes et le savoir sous-jacent qui donne autorité pour le faire. Il ne peut rester que marginalisé et non pas pensé dans toutes ses dimensions, parce qu'il sape la légitimité du discours biologique.

11

Que faire de la dépression ?

On a vu, tout au long de ce livre, que chercheurs et médecins appelaient biologie un ensemble de recettes qui ne servent en fait qu'à sélectionner de nouveaux antidépresseurs. La petite biologie n'a pu mettre en évidence aucune cause à la dépression. Plus significatif encore, elle n'a pas réussi à établir la moindre corrélation entre un mécanisme biologique et la dépression. Il n'y a aucun risque qu'elle le fasse puisqu'elle n'est pas faite pour cela, mais seulement pour rendre possible l'invention de nouveaux psychotropes en l'absence de connaissances biologiques. Sous le choc de l'arrivée de psychotropes tirés au hasard, l'orgueilleuse petite biologie a, en revanche, fait émerger de l'ensemble appelé troubles mentaux, le monstre multiforme de la dépression. Si la psychiatrie était vraiment biologique, il n'y aurait pas place pour une épidémie de dépression.

Tous les acteurs de la psychiatrie biologique reconnaissent bien volontiers que rien n'a été trouvé qui permette d'expliquer un trouble mental et que les antidépresseurs sont tous issus d'un bricolage avec les outils perfectionnés de la petite biologie. Mais les mêmes acteurs, au lieu d'en tirer toutes les conséquences, se projettent alors dans le futur pour expliquer que les découvertes sont à venir, dans la voie ouverte par la petite biologie. C'est avec cela que nous sommes en désaccord. C'est bien cette articulation entre les procédés d'invention empiriques de nouveaux antidépresseurs (dont la spécificité n'apparaît qu'au cours des études cliniques) et ce discours pseudo-scientifique qui rend possible l'épidémie d'un nouveau trouble mental. Toutes les pathologies qui se développeront dans cette niche ainsi créée seront appelées « dépression », quitte à ce que celle-ci devienne un regroupement de comportements de plus en plus hétérogènes. L'épidémie de dépression est le fruit amer d'une fausse psychiatrie biologique qui joue les apprentis sorciers. Nous avons inventé un mécanisme qui fabrique de l'épidémie de troubles mentaux comme, à une échelle plus réduite, l'avaient fait Charcot et son école avec l'hystérie.

Nos propositions ont pour objectif de regarder ce qui se passe lorsque l'on ne croit plus que la petite biologie a le droit exclusif d'accompagner la prescription des psychotropes, lorsque l'on redonne vie à toutes les explications que la petite biologie s'est crue en droit d'éliminer en se faisant passer pour autre chose que ce qu'elle est, lorsque l'on considère que l'« homme nouveau » défini par son « corps mental » n'a pas beaucoup plus de droits à l'existence que tous les « hommes anciens » qui définissaient autrement leur mal de vivre. Car le problème est bien là : s'il y a eu une révolution, elle ne ressemble pas à la manière dont elle est généralement décrite.

Retrouver toutes les causes

Au fil du temps, les protagonistes des troubles mentaux ont de plus en plus enfoui les causes dans le patient lui-même. Il y a deux siècles, les inventeurs de la psychiatrie ont commencé par faire disparaître les « démons » qui persécutaient les âmes. Les psychanalystes ont défini un espace qu'ils ont appelé psychisme.

Mais ce qui a été le plus important dans ce changement est d'ordre très pratique : la thérapeutique devait désormais s'intéresser à l'intériorité du patient et se détourner des choses et des êtres extérieurs à lui. Ce changement fondamental dans la définition même de ce qu'est un être humain, des manières de le transformer, des façons de le guérir a été vécu comme un progrès d'une telle ampleur que toutes les tentatives pour redécouvrir des causes extérieures à un trouble mental (ce qu'a tenté, par exemple, de faire la thérapie familiale) ont été sans véritables lendemains.

La psychiatrie dite biologique n'a pas remis en cause ces nouvelles définitions. Les psychiatres d'orientation biologique proposent que les troubles mentaux soient situés dans les mécanismes neuronaux, dans les mystères de la chimie cérébrale, dans les gènes. La psychiatrie biologique éloigne tendanciellement toute responsabilité d'un tiers dans la survenue d'un trouble mental. Les recherches sur les causes génétiques des troubles mentaux représentent un aboutissement idéal : la cause du mal devient plus abstraite du point de vue du patient. Il n'y a plus de responsable. La psychiatrie biologique a libéré les patients du lourd enchaînement culpabilisant que proposait la psychanalyse en maintenant le privilège de l'intériorité. C'est sans doute une des raisons du succès des antidépresseurs. Mais est-ce bien là faire de la biologie ?

On peut penser que les psychotropes ne deviendraient pas moins intéressants si on cessait de confondre la petite biologie qui permet de les inventer avec une cause enfin trouvée pour les troubles mentaux. Les psychotropes s'inventeraient alors dans des univers multiples et non plus dans celui, mutilé et mutilant, de la petite biologie et du corps mental.

Il y a peut-être une chance à saisir aujourd'hui pour ne plus se laisser enfermer dans la fausse alternative psychothérapie/antidépresseurs (qui vivent chacun dans leur coin sur la notion d'intériorité) et ne pas rester les otages d'une petite biologie qui se fait passer pour ce qu'elle n'est pas. Une partie de la psychologie redécouvre avec intérêt l'importance des agresseurs et des bourreaux sur les lieux de travail ou dans la vie de couple. Les thérapeutes apprennent à découvrir quelle est la nature des attaques dont une personne est l'objet et qui la rendent incapable d'agir, donc candidate à la dépression, sans la renvoyer à son « conflit intrapsychique ».

Il existe une série de cas où le patient lui-même peut identifier une ou des personnes qui ont une intention : le rendre malade. Cette personne ou ce groupe de personnes doivent être identifiés pour être combattus. Le cas du bourreau tortionnaire est évidemment le meilleur exemple, lui qui continue à dévorer sa victime bien longtemps après qu'elle n'a plus de contact avec lui. Mais il n'est pas toujours évident de découvrir les responsables d'attaques. Certains dispositifs sont construits de manière à ce que les victimes soient dans l'impossibilité d'agir mais aussi de désigner des responsables. Ces dispositifs sont construits de façon à pouvoir fonctionner longtemps de manière impersonnelle. Dans ce cas, la personne attaquée sera d'autant plus d'accord pour accepter de se calquer sur la définition de sa souffrance proposée par la dépression et à s'estimer seule responsable de ce qui lui arrive.

On peut en prendre un exemple très concret dans le fonctionnement des entreprises. Une grande société automobile peut créer un dispositif de concurrence interne entre ses diverses usines en Europe ou même dans le monde entier : celles qui ne seront pas performantes fermeront leurs portes et licencieront leurs ouvriers. Chacun, dans chaque usine, devient responsable du sort de l'ensemble de ses collègues de travail les plus proches. Les arrêts de travail, les défaillances individuelles mettent en risque la situation de l'ensemble d'un groupe de salariés. Dans ce genre de situation, on a pu voir les collectifs syndicaux réduits à néant ; des salariés pris dans un étau se mettent à faire des dépressions d'une manière inhabituelle. Certains salariés, ne voyant plus d'issue, peuvent se suicider. Les responsables s'effacent derrière une logique qui paraît s'imposer d'elle-même et ne plus renvoyer qu'à la nature anonyme des décisions. On ne voit pas qu'il s'agit d'un agencement qui a été pensé, organisé, « formaté » pour pouvoir ensuite fonctionner presque sans acteurs. C'est cela qui définit le management moderne : il faut réussir à convaincre le « managé » qu'il est seul responsable de sa réussite ou de son échec. Le management ne rêve plus que de systèmes autoréférencés. C'est ce qu'un spécialiste comme Camille Desmarais appelle la « magie des approches systémiques [1] », où les notions de bouclage et de rétroaction règnent comme dans les systèmes sorciers.

Cette nouvelle préoccupation passionne les patients et un nombre grandissant de thérapeutes. Elle pourrait créer des liens inattendus entre des psychanalystes intéressés par la vie dans les usines et les entreprises, la souffrance au travail et des praticiens de l'ethnopsychiatrie habitués à prendre en charge des patients victimes de sorcellerie. Face à ces derniers, les praticiens de l'ethnopsychiatrie ont pris au sérieux les explications traditionnelles. Ils ont décidé que la connaissance était du côté des patients et de leurs familles définis par leurs multiples attachements et que les thérapeutes devaient apprendre des ressources multiples inventées par les cultures différentes de la nôtre. Une telle rencontre pourrait marquer la fin de l'intérêt pour la dépression, telle que la petite biologie en a répandu le concept, au profit de nouvelles notions comme celle de harcèlement moral ou, plus généralement, d'attaques. Il s'agit évidemment d'une tâche risquée. Mais pour la première fois depuis longtemps, on voit surgir une nouvelle manière de parler des troubles mentaux qui n'est pas la conséquence de la mise au point d'un nouvel antidépresseur. Pour une fois, ce n'est pas l'industrie pharmaceutique qui est au poste de commandement et qui est à l'origine d'une innovation !

On pourra nous dire qu'un tel discours est un encouragement au délire paranoïaque qui, selon le témoignage de certains médecins, touche déjà certaines franges de patients déprimés, en particulier ceux d'origine africaine. Mais nous devons aussi penser que l'accusation de paranoïa est elle-même un produit de l'intériorisation, de l'injonction d'attribuer à l'intime tout

1. Camille DESMARAIS, *Les Lendemains qui mentent. Peut-on civiliser le management ?*, Les Empêcheurs de penser en rond, Paris, 2001.

problème. Pourquoi notre culture a-t-elle désigné comme « paranoïaques » les procédures mentales qui renvoient à l'extérieur ? La norme culturelle occidentale enjoint au sujet d'attribuer la causalité de tous les événements psychiques à l'intimité. Le paranoïaque, parce qu'il est stigmatisé comme malade, montre par contraste, l'idéal du sujet psychanalytique : un sujet intime, coupé du monde et des relations et qui attribue le moins possible à l'extériorité (que ce soit en terme de cause ou de responsabilité).

Menace du sociologisme

Un danger menace cette approche qui privilégie les attachements grâce auxquels le patient se définit et peut résister. La notion de stress pourrait venir saborder toute l'entreprise de renouvellement à l'œuvre avec une notion comme le harcèlement moral.

Dire que la société avec ses injustices et son froid fonctionnement provoque de plus en plus de dépressions revient à interroger la société et non pas les raisons pour lesquelles, dans des situations particulières, les individus adoptent telle ou telle attitude et comment celle-ci peut se répandre et se généraliser. On évite ainsi de s'interroger sur la manière même dont les patients déprimés sont concrètement fabriqués. Le bond que les sociologues nous proposent de faire, de la société prise comme un tout à la dépression individuelle, est beaucoup trop grand pour être crédible. Nous ne pouvons pas prendre comme point de départ « la société », car nous ne savons absolument pas comment cette affaire gigantesque que nous appelons ainsi peut agir sur les individus. Les mots comme « surdétermination » ou « contrepartie » sont beaucoup trop abstraits et imprécis. « La société » ne peut pas servir d'explication, car c'est elle qu'il faut expliquer.

En revanche, cette théorie d'une société toute-puissante représente une catastrophe pour l'âme des individus. La dépression n'est pas la réponse à une société déprimante moderne. Elle est, en revanche, en symbiose avec l'idée d'une société qui prive les individus de tout moyen d'action. Cette croyance constitue un fond de pensée efficace qui prépare chaque individu à réagir de la pire des manières face à des événements de vie difficiles. Elle apprend, par exemple, à associer « naturellement » chômage et dépression, difficultés familiales ou amoureuses et dépression.

La croyance en une société qui existe en dehors des individus et des groupes qui la constituent fait partie de la définition même de la dépression ! Elle est au fondement de l'impuissance, de l'incapacité à agir qui est au cœur de cette définition de la dépression : la fatigue insurmontable, le ralentissement, la perte de l'estime de soi, l'ennui pour toute activité, l'absence de motivations, l'évaluation pessimiste de l'avenir, la perte d'intérêt, l'inhibition psychomotrice, la perte de l'élan vital, l'abolition de l'initiative, la disparition de l'attention au monde extérieur, la résignation. Quoi de plus logique si on conçoit la société comme une totalité face à laquelle chacun est impuissant ?

On a vu que le naturalisme qui va avec la petite biologie est la plus grande catastrophe qui ait frappé la psychiatrie. Il implique que les patients qui sont atteints d'un trouble mental sont malades au même titre que les patients qui souffrent d'une maladie infectieuse. Ce point de vue « fabrique » littéralement les patients, car il les conforte dans l'idée qu'ils font face à une situation sur laquelle ils n'ont pas de prise, qui ne dépend plus d'eux, ni de leur entourage. Le sociologisme redouble élégamment la catastrophe naturaliste. Ce sont les deux ennemis qu'il faudra combattre pour inventer les prémices d'une véritable biologie.

En essayant de retrouver toutes les conditions qui ont rendu possible l'épidémie de dépression, ce livre veut encourager la recherche de nouveaux moyens pour s'y opposer, de nouveaux moyens pour réunir ensemble tous les thérapeutes, sans exclusives, afin qu'ils apprennent de nouvelles manières de travailler ensemble. Puisque la dépression est maintenant une épidémie, il appartient à tous de débattre des meilleures manières de s'en protéger. Les troubles mentaux et leur définition, leur prise en charge, les psychotropes et les antidépresseurs ne sont pas des questions qui échappent à la politique.

Une véritable biologie nécessite la prise en compte des « êtres au monde », de la même manière que la biologie des animaux est sans intérêt si elle n'intègre pas les recherches des éthologues. Alors la petite biologie continuera à exister, mais comme un tout petit département du grand continent biologique dont elle n'aura plus aucune prétention à définir les ambitions et les limites.

Bibliographie

AGENCE DU MÉDICAMENT (1998), *Étude de la prescription et de la consommation des antidépresseurs en ambulatoire*, rapport, Paris.

AMERICAN PSYCHIATRIC ASSOCIATION (1996), *DSM-IV. Manuel diagnostique et statistique des troubles mentaux*, Masson, Paris.

BARETT R. (1998), *La Traite des fous. La construction sociale de la schizophrénie*, Les Empêcheurs de penser en rond, Le Plessis-Robinson.

BOUVENOT G., ESCHWEGUE E., SCHWARTZ D. (1993), *Le Médicament. Naissance, vie et mort d'un produit pas comme les autres*, Nathan, Paris.

BOYER P., DERDENNES R., EVEN C., GAILLAC V., GÉRARD A., LECRUBIER Y., LE PEN C., WIELLER E. (1999), *Dépression et santé publique. Données et réflexions*, Acanthe/Masson, Paris.

DAGOGNET F. (1964), *La Raison et les remèdes*, PUF, Paris.

DEJOURS C. (1998), *Souffrance en France*, Seuil, Paris.

DELEUZE G., GUATTARI F. (1972), *Capitalisme et schizophrénie. L'Anti-Œdipe*, Minuit, Paris.

— (1980), *Capitalisme et schizophrénie. Mille plateaux*, Minuit, Paris.

DELEUZE G. (1990), *Pourparlers*, Minuit, Paris.

DERRIDA J. (1972), *La Dissémination*, Seuil, Paris.

DESPRET V. (1999), *Ces émotions qui nous fabriquent. Ethnopsychologie de l'authenticité*, Les Empêcheurs de penser en rond, Paris.

DEVEREUX G. (1970), *Essai d'ethnopsychiatrie générale*, Gallimard, Paris.

DUTTON D. (1988), *Worse than the Disease. Pitfalls of Medical Progress*, Cambridge University Press, Cambridge.

EHRENBERG A. (sous la direction de) (1998), *Drogues et médicaments psychotropes*, Esprit, Paris.

— (1998), *La Fatigue d'être soi*, Odile Jacob, Paris.

EPSTEIN S. (2001), *La Grande Révolte des malades. Histoire du sida 2*, Les Empêcheurs de penser en rond, Paris.

FEDIDA P. (2001), *Les Bienfaits de la dépression*, Odile Jacob, Paris.

FORTHEAUME B. (2000), *De l'acédie monastique à l'anxio-dépression. Histoire de la transformation d'un vice en pathologie*, Les Empêcheurs de penser en rond, Paris.

FOUCAULT M. (1997), *Il faut défendre la société*, Gallimard/Seuil, Paris.

GOOD B. (1998), *Comment faire de l'anthropologie médicale ? Médecine, rationalité et vécu*, Les Empêcheurs de penser en rond, Paris.

GRIVOIS H. (1992), *Naître à la folie*, Les Empêcheurs de penser en rond, Paris.

GRMEK M. (sous la direction de) (1995), *Histoire de la pensée médicale en Occident. Antiquité et Moyen Âge*, Seuil, Paris.

HACKING I. (1997), *L'Âme réécrite. Étude sur la personnalité multiple et les troubles de la mémoire*, Les Empêcheurs de penser en rond, Paris.

HEALY D. (1997), *The Anti-Depressant Era*, Harvard University Press, Cambridge.

HIRIGOYEN M.-F.(1998), *Le Harcèlement moral*, Syros, Paris.

— (2001), *Malaise dans le travail*, Syros, Paris.

Kirk S., Kutchins H. (1998), *Aimez-vous le DSM ? Le triomphe de la psychiatrie américaine*, Les Empêcheurs de penser en rond, Paris.
Kleinman A. (1988), *Rethinking Psychiatry*, Free Press, New York.
Kleinman A., Good B. (eds.) (1985), *Culture and Depression. Studies in the Anthropology and Cross-Cultural Psychiatry of Affect and Disorder*, University of California Press, Berkeley.
Kohler R. (1982), *From Medical Chemistry to Biochemistry*, Cambridge University Press, Cambridge.
Kupiec J.-J., Sonigo P. (2001), *Ni Dieu ni gène. Pour une autre théorie de l'hérédité*, Seuil, Paris.
Latour B. (1989), *La Science en action*, La Découverte, Paris.
— (1992), *Aramis ou l'amour des techniques*, La Découverte, Paris.
— (1991), *Nous n'avons jamais été modernes. Essai d'anthropologie symétrique*, La Découverte, Paris
— (1994), *La Clé de Berlin*, La Découverte, Paris.
— (1997), *Petite réflexion sur le culte moderne des dieux faitiches*, Les Empêcheurs de penser en rond, Paris.
Le Fanu J. (1999), *The Rise and Fall of Modern Medicine*, Abacus, Londres.
Leff J. (1981), *Psychiatry around the Globe : a Transcultural View*, Marcel Dekker, New York.
Le Pape A., Lecomte T. (1999), *Prévalence et prise en charge médicale de la dépression. France, 1996-1997*, CREDES, Paris.
Loo H., Loo P. (2000), *La Dépression*, PUF, Paris.
Marks H. (1999), *La Médecine des preuves. Histoire et anthropologie des essais cliniques (1900-1990)*, Les Empêcheurs de penser en rond, Paris.
Meunier J-M., Schvaloff A. (1992), *Neurotransmetteurs*, Masson, Paris.
Nathan T. (1993), *Fier de n'avoir ni pays ni amis, quelle sottise c'était... Principes d'ethnopsychanalyse*, La Pensée sauvage, Grenoble.
— (1994), *L'Influence qui guérit*, Odile Jacob, Paris.

NATHAN T., STENGERS I. (1995), *Médecins et sorciers*, Les Empêcheurs de penser en rond, Paris.
NATHAN T., BLANCHET A., IONESCU S., ZAJDE N. (1998), *Psychothérapies*, Odile Jacob, Paris.
NATHAN T., LEWERTOWSKI C. (1998), *Soigner. Le virus et le fétiche*, Odile Jacob, Paris.
PICHOT P., NATHAN T. (1998), *Quel avenir pour la psychiatrie et la psychothérapie ?*, Les Empêcheurs de penser en rond, Paris.
PIGNARRE P. (1997), *Qu'est-ce qu'un médicament ?*, La Découverte, Paris.
— (1999), *Puissance des psychotropes, pouvoir des patients*, PUF, Paris.
PORTER R. (1997), *The Greatest Benefit to Mankind. A Medical History of Humanity*, Norton, New York.
PRESSMAN J. (1998), *Last Resort. Psychosurgery and the Limits of Medicine*, Cambridge University Press, Cambridge.
RAFFAITIN F. (sous la direction de) (1997), *Le Livre blanc de la dépression*, Privat, Toulouse.
RICHARD D., SENON J.-L. (1996), *Le Médicament*, Flammarion, Paris
ROUDINESCO É., PLON M. (1997), *Dictionnaire de la psychanalyse*, Fayard, Paris.
ROURE L. (1999), *La Dépression*, Ellipses, Paris.
SCHWARTZ D., FLAMANT R., LELLOUCH J. (1990), *L'Essai thérapeutique chez l'homme*, Flammarion, Paris.
SIRONI F. (1999), *Bourreaux et victimes*, Odile Jacob, Paris.
SPRIET A., DUPIN-SPRIET T. (1996), *Bonne pratique des essais cliniques des médicaments*, Karger, Bâle.
STENGERS I. (1992), *La Volonté de faire science. À propos de la psychanalyse*, Les Empêcheurs de penser en rond, Paris.
— (1993), *L'Invention des sciences modernes*, La Découverte, Paris.
— (1996), *Cosmopolitiques. Tome 1 : La Guerre des sciences*, La Découverte et Les Empêcheurs de penser en rond, Paris.
— (1997), *Cosmopolitiques. Tome 7 : Pour en finir avec la tolérance*, La Découverte et Les Empêcheurs de penser en rond, Paris.

— (1997), *Sciences et pouvoir. La démocratie face à la techno-science*, La Découverte, Paris.

STENGERS I., RALLET O. (1996), *Drogues, le défi hollandais*, Les Empêcheurs de penser en rond, Paris.

TARDE G. (1999), *La Logique sociale*, Les Empêcheurs de penser en rond, Paris.

WEXLER A. (1996), *Mapping Fate. A Memoir of Family, Risk, and Genetic Research*, University of California Press, Berkeley.

WIDLÖCHER D. (1995), *Les Logiques de la dépression*, Fayard, Paris.

— (1996), *Les Nouvelles cartes de la psychanalyse*, Odile Jacob, Paris.

ZARIFIAN E. (1994), *Des Paradis plein la tête*, Odile Jacob, Paris.

— (1996), *Le Prix du bien-être. Psychotropes et société*, Odile Jacob, Paris.

Table

BUSSIÈRE CAMEDAN IMPRIMERIES
GROUPE CPI

Composition Facompo, Lisieux
Impression réalisée sur Cameron
à Saint-Amand-Montrond (Cher)
en août 2001.
Dépôt légal : septembre 2001.
N° d'impression : 013697/1.
Imprimé en France